Alte Weinlagennamen und ihre Geschichte

Einblicke in die historische Vielfalt der
Weinkultur in Deutschland
und Europa

Edition Europa

Alte Weinlagennamen und ihre Geschichte

Einblicke in die historische Vielfalt der Weinkultur in Deutschland und Europa

Herausgegeben von Christa Klaß & Ulrich Kuhn-Hein

Edition Europa

Edition Europa

Die Deutsche Bibliothek - CIP-Einheitsaufnahme

Alte Weinlagennamen und ihre Geschichte/
hrsg. von Ulrich Kuhn-Hein.
[Beitr.: Ilse Mühlhölzer ; Thomas Hohnerlein-Buchinger].
- Walsheim : Ed. Europa, 1997
ISBN 3-931773-12-4

Titel:
Unter Verwendung einer Fotografie
„Ürziger Würzgarten“ der Deutschen Wein-Information

Herausgeber:
Christa Klaß, Ulrich Kuhn-Hein

Beiträge:
Ilse Mühlhölzer, Thomas Hohnerlein-Buchinger

Redaktion:
Petra Holzmann, Immacolata Lorang, Annette S. Schmidt

Fotografien:
Bildarchiv G. & D.-B. Steinicke S. 58 und S.59 unten;
alle sonstigen Fotos: Deutsche Wein-Information, Mainz

Layout, Satz & Litho:
DinGs., St. Ingbert-Oberwürzbach

Druck:
Steinmeier, Nördlingen

Printed in Germany

1997 Verlag Edition Europa, Walsheim

ISBN 3-931773-12-4

Zum Inhalt

Ilse Elisabeth Mühlhölzer M.A., geboren 1967, studierte in Mannheim Geschichtswissenschaften mit dem Schwerpunkt Alltagsgeschichte. Die Autorin, die für das Thema dieses Buches eng mit dem Herausgeber zusammenarbeitete, lebt heute in Moers am Niederrhein und arbeitet in der Multimediabranche. Familiäre Bande und die Verwurzelung in der Weinregion Pfalz stellten für die Weinliebhaberin den Bezug zum Thema her.

Dr. Thomas Hohnerlein-Buchinger, geboren 1957, studierte in Saarbrücken Romanische Philologie und Germanistik. Er promovierte zum Thema der Sprach- und Sachgeschichte italienischer Wein- und Rebennamen. Der Autor des Kapitels Italien ist Weinliebhaber und hat mehrfach zur Herkunft italienischer Rebennamen veröffentlicht. Er ist heute als wissenschaftlicher Mitarbeiter beim *Lessico Etimologico Italiano* tätig.

Vorwort

Wein ist ein europäisches Kulturgut. In ihm spiegelt sich die Vielfalt europäischer Regionen mit ihren unterschiedlichen, von der Natur gegebenen Bedingungen wieder. Wein ist auch ein Spiegelbild von Lebensstil, Lebensfreude, ja der Mentalität der Menschen, die in den unterschiedlichen Weinregionen Europas zu Hause sind. Viele kulturgeschichtliche Erinnerungen sind in den Lagennamen gespeichert. Der Mensch dachte ungern abstrakt. Er versuchte, die ihn umgebende Welt zu sich in anschauliche, persönliche Beziehung zu setzen. Die Lagen bezeichnete er auch nicht mit unpersönlichen Nummern, er gab ihnen Namen aus seiner unmittelbaren Erlebnis- und Vorstellungswelt. Im Laufe der Jahrhunderte hat sich die Sprache gewandelt, viele Namen sind heute für uns unverständlich geworden.

Genau dies macht den Reiz der Lektüre dieses Buches aus, wenn man auf Entdeckungsreise durch die Welt von Sagen und Mythen, von Sprachentwicklung und Umdeutungen vielfältiger Art, gehen kann. Die Herausgeber haben sich bei der Auswahl deshalb nicht auf die *trockene* Anhäufung möglichst vieler Lagennamen und ihrer sprachgeschichtlichen Entwicklung beschränkt. Das Einbeziehen vieler Geschichten, die immer mit der jeweiligen Region und den verschiedenen, durch die Zeiten hier lebenden Menschen verbunden sind, gibt uns Einblicke in das Leben mit und von diesem wunderbaren Geschenk der Natur, dem Wein.

Als Resultat einer ausgiebigen Sammeltätigkeit wurde dieses Buch, das sich intensiv mit der Entwicklung der Lagennamen in Europa beschäftigt, zum großen Teil ein Dokument der deutschen Weinbauhistorie und der Regionalgeschichte. Die anderen Nationen der Europäischen Union haben, soweit sie Weinanbau betreiben, meist andere Wege der Charakterisierung ihrer Weine als den über die Benennung von Weinlagen gefunden, was in ihrer Geschichte begründet ist und ebenfalls behandelt wird.

So soll dieses Buch vor allem dazu beitragen, die Vielseitigkeit des Kulturgutes Wein in Europa und seine Bedeutung für die einzelnen Nationen anhand der Geschichte der Entwicklung seiner Lagennamen deutlich zu machen. Sollte dies zu einem Teil gelungen sein, wäre der Zweck des Buches, einen kleinen Beitrag in Richtung verbindender Kulturarbeit zu leisten, schon erfüllt.

Wir wünschen Ihnen auf jeden Fall viel Vergnügen beim Lesen, am besten mit einem guten Glas Wein!

Die Herausgeber

Zur Einführung

In Deutschland hat die Benennung der Lagen eine größere Bedeutung und Tradition als in anderen weinanbauenden Nationen. Die Lagennamen dienten im Mittelalter zur Bezeichnung der Weinberge, die im Gegensatz zu den Feldern meist nicht durch Raine, Gräben oder Zäune abgegrenzt waren. Im Sinne einer Herkunftsbezeichnung gibt es Weinlagen erst seit der Zeit um 1800, als sich der Qualitätsweinbau langsam durchsetzte. Flasche und Etikett wurden ab dieser Zeit ebenfalls üblich. Lagennamen werden so, aus dem engeren Bereich ihrer ursprünglichen Herkunft, in ganz Deutschland und Europa bekannt.

Bis zu diesem Zeitpunkt war es verbreitet, den Wein im Faß zu verkaufen. Schon im 16. und 17. Jahrhundert hatten die Weinhändler damit begonnen, die Herkunft des Weines – Rhein, Mosel, Franken – auf dem Faß zu vermerken. *Moselle* wurde so zum Beispiel zum Synonym für deutschen Weißwein. Ab dem 17. Jahrhundert wird der Jahrgang der Herkunftsbezeichnung hinzugefügt. Etiketten wurden meist nur für sehr teure Weine verwendet. Sie waren Teil einer Vermarktungs- und Werbestrategie und aufwendig gestaltet. Dies führte dazu, daß diese Weine im Volksmund als *Briefcheswein*e tituliert wurden.

Ziel des Weingesetzes von 1971 war es dann, die verwirrende Zahl der Lagennamen zu reduzieren. Sie sollten für den Verbraucher übersichtlicher gestaltet werden. Die bis zu 30000 Lagennamen wurden auf 2600 reduziert. Nur diese Namen dürfen für Qualitätsweine bestimmter Anbaugebiete und Prädikatsweine Verwendung finden. Einzig für Tafelwein gibt es keine verbindliche Namensregelung, es kann jeder Phantasiename gewählt werden.

Die Weinbergsnamen sind in der Weinbergsrolle verzeichnet, die man als eine Art Grundbuch für Weinberglagen und Bereiche bezeichnen kann. In ihr sind die Namen und Abgrenzungen festgehalten.

So sind viele Lagennamen Zeugnisse aus der Vergangenheit, sie sind Teil der sich damals wie heute verändernden Sprache. Namen wurden vergessen und wieder neugeprägt, wurden falsch geschrieben, dialektal verändert oder erfuhren eine Sinnänderung, weil man die ursprüngliche Bedeutung nicht mehr verstand.

Von der Vielfalt der Weinlagennamen kann man sich im folgenden, nach den gültigen Weinanbaugebieten gegliederten Text, einen Eindruck verschaffen. Da dieser nur lückenhaft bleiben kann, läßt er sich durch einen Besuch im jeweils interessanten Gebiet am besten vervollständigen.

Ahr

Die Landschaft der Ahr bietet eine herrliche Kulisse für wunderbaren Wein

Mit knapp über 500 Hektar ist die Ahr das viertkleinste Anbaugebiet Deutschlands. Die *kleine Schwester der Mosel* liegt südlich von Bonn und erstreckt sich von Bad Neuenahr bis Adenau. Dem Schutz der Eifel und dem Hitzestau des engen Tales verdankt das Gebiet ein Klima, in dem Wein – und an der Ahr besonders Rotwein – gedeihen kann, vor allem zwischen Altenahr und Heimersheim. Um 1680 eingeführt, macht Rotwein über zwei Drittel der gesamten Weinproduktion aus.

Die Ahr ist geprägt von einer abwechslungsreichen Landschaft, in der sich schroffe, terrassierte Felswände mit einer gartenartigen Hügellandschaft abwechseln. Die Landschaft gibt auch die Bodenqualität vor; die Ahr verfügt überwiegend über Schieferböden, die hervorragende Wärmespeicher sind. In guten Jahren wachsen an der Ahr samtrote Spätburgunder, mit ausdrucksstarkem Bukett.

Wie so oft in Deutschland, waren es auch an der Ahr die Römer, die als erste den Weinbau ins Ahrtal brachten. Unter dem Schutz der Kirche florierte und prosperierte der Weinbau im Mittelalter. Kriege und der Klima-Umschwung des 18. Jahrhunderts brachten den Weinbau im Ahrtal fast zum Erliegen. Verheerend auf den Weinbau wirkte sich auch die Reblaus aus, die die Rebbestände an der Ahr fast vollständig vernichtete. Eine der ersten deutschen Winzergenossenschaften wurde 1866 in Mayschoß von Ahrwinzern gegründet. Die Lagennamen entstanden allmählich im lokalen Sprachgebrauch. Die ersten urkundlichen Erwähnungen von Lagennamen finden wir für die Ahr im *Prümer Urbar*.

Auch die Lage *Heimersheimer Landskrone* verweist auf eine der vielen Burgen, die das eng gewundene Ahrtal säumen. Ihr gab die Feste Landskrone ihren Namen. Sie war auf dem Vulkankegel gebaut und hat ihren Namen angeblich von Philipp von Schwaben, der bei ihrem Anblick gesagt haben soll: *„Dies ist des Landes Krone!"* Er hat an die Hänge des Vulkankegels die Festung Landskrone als romantisches Heim für seine junge Braut bauen lassen. Zur Feste Landskrone gehört auch noch der guterhaltene Zehnthof in Heimersheim selbst. Hier mußten die Bauern den Zehnten in Form von Wein oder anderen Naturalien abliefern. Seine Größe gibt noch immer Zeugnis von den drückenden Abgaben und Zinsen, die die Winzer damals an ihren Grundherrn entrichten mußten.

Auf die 1249 geschliffene Burg Ekka geht der Lagenname *Altenahrer Burgeck* zurück. Ekka stellte für die um 1100 erbaute Burg Are eine Gefahr dar, weil sie über ihr gelegen war. Zur Zeit der Raubritter hatten die Burgbewohner ein ungutes Gefühl, wenn ihnen der Feind quasi auf den Teller schauen konnte. So

Die Lage Lochmühlerley

kam es dazu, daß Burg Ekka geschliffen wurde. Ihre Steine lieferten das Baumaterial für Häuser der Umgebung. Allein der Lagenname trägt noch die Erinnerung an die einst so stolze Burg Ekka.

Auch die Lage *Marienthaler Trotzberg* hat ihren Namen von einer Burg, die einst hier gestanden hat, der Trotzburg. Sie war eine kurkölnische Bastion, die an der Grenze zum Gebiet der Grafen von Saffenburg Macht demonstrieren und eine gesicherte Position ertrotzen sollte. In einem der unzähligen Kriege, die den deutschen Südwesten überzogen, wurde die Burg zerstört.

Berge voll Silber oder Salbei

Von der Güte des Bodens und des Weines erzählt die Lage *Mayschoßer Silberberg*. Es bieten sich verschiedene Möglichkeiten zur Deutung an: Das Silber kann ein Ausdruck der Wertschätzung sein. Der Wein, der hier produziert wurde, war von solch einer Güte, daß er dem Winzer klingendes Silber einbrachte. Eine zweite Deutung besagt, daß der Name an den einst an der Ahr betriebenen Silberbergbau erinnern soll. Umgangssprachlich wird der *Silberberg* auch *Selberberg* genannt, was mundartlich für *Salbei* steht. Der Salbei ist eines der in den Weinbergen häufig anzutreffenden und geduldeten Wildkräuter.

Auf die Qualität des auf ihr erzeugten Weines, geht der Name der Lage *Walporzheimer Gärkammer* zurück. Hier erzeugen Hangneigung, Boden und Sonneneinstrahlung ein außergewöhnliches Mikroklima, was Wein von besonders samtroter Farbe und außergewöhnlichem Geschmack hervorbringt.

Mühlen und andere Gebäude

Bei der *Mayschoßer Lochmühlerley* gab eine besondere Mühlenform der Lage ihren Namen. Ein künstlicher Stollen versorgte die Mühle mit Wasser. Es wurde von der Ahr zum Mühlenteich hin abgeleitet. Die Lage hat entweder von dem künstlich geschaffenen Stollen (Loch) ihren Namen oder von dem Ortsteil Lach, der in der Nähe der Mühle gelegen ist. Die Mühle wurde schon 1475 erwähnt und war die Bannmühle des Herrschaftsgebiets der Saffenburger. Dieser Bann erlaubte es den Untertanen nicht, ihr Korn woanders als in der Mühle ihrer Herrschaft mahlen zu lassen. Eine praktische und zusätzliche Einkommensquelle für die Grundherrn.

Mit der Lage *Laacherberg* ist eine kleine Anekdote verbunden. Im Frühjahr 1804 gab es ein großes Ahrhochwasser. Die Kapelle in Laach wurde weggerissen und von den Fluten fortgeschwemmt. Nur die Glocke landete am anderen Ahrufer. Es gab keinen anderen Glockenstuhl und so hängt die Glocke der Kapelle auch noch heute in einem Privathaus am Dachstuhl und wird – wenn es nötig ist – geläutet. So kennt man im Ahrtal das Sprichwort: *Laach, da hängt die Glocke unterm Dach.*

Der *Altenahrer Übigberg* leitet sich aus dem mundartlichen *Büweg* her. Mit diesem Ausdruck wird ein gebogener Hangweg bezeichnet. Als in den 1850er Jahren die preußischen Vermessungsbeamten die alten Flurnamen aufzeichnen sollten, um das erste Kataster zu erstellen, muß sich der Katasterbeamte – des Dialektes nicht mächtig – verhört haben und machte so aus dem *Büberg* einen *Übigberg*. Der ursprüngliche *Büweg* war der Verbindungsweg quer über den Hang zwischen Altenahr und seinen Ortsteilen Altenberg und Kreuzburg.

Beim *Ahrweiler Daubhaus* läßt sich die Herkunft nicht mehr klar nachweisen. Der Name könnte von *Taubenschlag* oder *-haus* abstammen, der regionale Dialekt unterscheidet beim Sprechen nicht zwischen *d* und *t*. Ein in den Weinbergen stehendes Wachhäuschen für den Feldschützen in Form eines Taubenhauses könnte für diese Lage auch namensgebend gewesen sein. Die dritte Variante geht über die Sprache. *Taub* wurde im Mittelhochdeutschen für *wüste, öde* oder *trockene* Grundstücke gebraucht. So kann das *Daub* im Lagennamen für den Ertrag dieses Grundstückes vor der weinbaulichen Nutzung stehen.

Am häufigsten findet sich jedoch die Natur in den Lagennamen. Sie spiegeln die Bergform, die ehemalige Nutzung oder das Aussehen wider, wie die folgenden Beispiele zeigen.

In der *Recher Blume* finden wir natürlich die Blume des Weines wieder, der Lagenname verweist auf den Duft, das Aroma und das Bukett des Weines. Er kann aber auch auf eine ausgeprägte Vegetation vor dem Rebanbau hindeuten, denn die Lage ist eine der wenigen Flachlagen an der Ahr. So ist es durchaus vorstellbar, daß an ihrer Stelle früher eine Blumenwiese gewesen war.

Der *Ahrweiler Forstberg* ist eine Hanglage zwischen Stadt und Höhenwald, so daß der Name von seiner Nähe zum Wald *(Forst)* zu erklären ist. Eine andere Möglichkeit ist, daß der Name vom alten Ahrweiler Adelsgeschlecht *von der Vorrat* abstammt.

Der *Bachemer Karlskopf* hat seinen Namen von seiner Form, die von weitem an einen Kopf erinnert. Karl war wohl ein begüterter Einwohner Bachems, der in dieser Lage seinen Besitz hatte. Über alle Maßen begüterte Bachemer wird es weder im Mittelalter noch heute allzuviele gegeben haben. Der Weinbau reichte nicht zum Überleben aus. Deswegen wurde an der Ahr zwischen den Rebzeilen auch Getreide angepflanzt. Die Gemeinschaftsbackhäuser in der Nähe der Weinberge zeugen noch heute von diesem Brauch.

Im 19. Jahrhundert war *Walporzheimer* das Synonym für den Ahrrotwein und weit über die Grenzen des Ahrtales, des Rheins und Deutschlands bekannt. Zur Bekanntheit der Walporzheimer Weine dürfte auch die *Walporzheimer Bunte Kuh* beigetragen haben. Sie bezeichnet eine bizarre Felsformation, die aus dem Schiefergestein über der Ahr herausragt und entfernt an eine Kuh erinnert. Durch die Realteilung ist die Größe der Parzellen so winzig, wie die Flecken auf dem Fell einer Kuh. Der Name soll von Ludwig XIV. geprägt worden sein, der über Ahrrotwein sagte, er sei *bon de goût*. Im Laufe der Jahrhunderte könnte daraus wohl die Verballhornung *Bunte Kuh* geworden sein.

So liefert auch in dieser Region die Geschichte vielfältige kulturelle Grundlagen, aus denen sich dann ebenso vielfältige Lagennamen historisch belegt oder auch nur *vermutlich entstanden* entwickelt haben.

Baden

Der Staufener Schloßberg ist ein typisches Beispiel für die Weinlandschaft Badens

Entlang des Rheines – zwischen Bodensee und Bergstraße – erstreckt sich über etwa 400 Kilometer mit Baden das südlichste Weinanbaugebiet Deutschlands. Auch ein Teil der Weinberge Tauberfrankens gehören noch zum Weinanbaugebiet Baden. Mit den Weinbergen am Hohentwiel bietet Baden die höchstgelegenen Weinberge in Deutschland (530 Meter). Flächenmäßig steht Baden mit rund 15 000 Hektar an dritter Stelle der Weinanbaugebiete. Der überwiegende Anteil der Winzer gehört Genossenschaften an, die etwa 85 Prozent des badischen Weines vermarkten.

Für den Kaiserstuhl sind ab 1 000 nach Christus eine große Zahl von Weinorten bekannt, die meist nur Weingärten und noch keine Weinberge besaßen. Der Kaiserstuhl hat fast die meisten Sonnentage in Deutschland, auf seinem Vulkangestein wachsen mit die besten Rotweine Deutschlands.

Vielgestaltig und weit verzweigt: Das Weinland Baden

Das Bodenseegebiet ist von einem ganz speziellen Klima geprägt, welches durch die Lage zwischen den Alpen, der schwäbischen Hochebene und dem See beeinflußt wird. Die Rebflächen sind in einer Höhe zwischen 400 und 480 Meter über dem Meer angesiedelt. Das Bodenseegebiet gehört nicht zu den wärmsten Deutschlands. Es hat allerdings eine recht hohe Sonnenscheindauer. Die Reflexionen der Sonne auf dem Wasser bringen für den Weinberg etwa 25 Prozent zusätzliche Sonnenenergie. Der See hat auch eine wärmespeichernde Wirkung.

Das von Tälern und Höhen vielfach gegliederte Markgräflerland besitzt ebenfalls eine gute Wärmeenergiesumme. Die verwinkelte Geländegliederung und die unterschiedlichen Bodenbeschaffenheiten spiegeln sich im Bukett des Weines wider.

Auch Meersburg am Bodensee gehört zu Deutschlands südlichstem Weinanbaugebiet

Der Breisgau in der Vorbergszone des Schwarzwaldes ist geprägt von mäßigen Hanglagen. Hier finden sich die Rebanlagen auf Terrassen und in der Ebene. Vom Klima zeichnet sich der Breisgau durch eine Kombination von reichlich bemessenen Niederschlägen, Sonne und Wärme aus.

Das Klima der Ortenau ist dem des Kaiserstuhls ähnlich. Jedoch liegt hier die Niederschlagsrate deutlich höher. Die Rebflächen sind im Hügelland angesiedelt und gehen teilweise in den stark gegliederten Gebirgsrand über.

Die Bergstraße liegt an der Gebirgsrandzone des Odenwaldes mit günstigen Klimabedingungen. Die Rebflächen sind auf sanft auslaufenden Hangfußlagen und in steilen Hanglagen angesiedelt.

Beim Kraichgau, in der Mulde zwischen Schwarz- und Odenwald, ist der Weinbau vorwiegend in der flachen Hügelzone angesiedelt. Die Klimawerte sind denen der anderen badischen Bereiche ähnlich.

Tauberfranken ist das nördlichste Weinanbaugebiet in Baden und im Taubertal angesiedelt. Das Klima ist eher kühl, mit hohen Niederschlagsmengen. Der Weinbau muß sich hier auf Lagen mit besonders günstigem Kleinklima zurückziehen. Fast ausschließlich sind hier deshalb Steil- und Hanglagen prägend.

Römer, Mönche und viele Geschichten

Der Weinbau wurde hier, wie so oft, von den Römern eingeführt. Die Alemannen übernahmen die römische Tradition des Weinanbaus und verbreiteten sie weiter. Wichtig für die Entwicklung des Weinanbaus in Baden waren jedoch die mittelalterlichen Klöster. Den Klöstern gehörte bis zur Säkularisation auch in Baden ein Großteil des Rebenlandes. Die zum Teil ererbten Weinberge lagen oft weit entfernt von dem eigentlichen Kloster und wurden weiter verpachtet.

Diesen Pächtern legten die Klöster Regeln für die Arbeit im Weinberg und Keller auf, die die Qualität und den Standard des Weines sichern sollten. So ist dem Interesse der Priester und Mönche an einem möglichst guten Meßwein – nach mittelalterlichen Berichten standen jedem Mönch pro Tag (außer in der Fastenzeit) etwa fünf Liter Wein zu – der erste Qualitätsstandard für Wein zu verdanken.

Der Dreißigjährige Krieg, der Pfälzer Erbfolgekrieg und die Kriege im Zuge der Französischen Revolution, wirkten sich verheerend auf den Weinbau in Baden aus. Teilweise kam er in dieser Zeit ganz zum Erliegen.

Die heutige Weinbauregion Baden bildet keine geschlossene Einheit. Ihre verschiedenen Weinanbaugebiete kennzeichnen sich durch ihre Unterschiedlichkeit. Die verschiedenen Traditionen stehen nebeneinander. Für die Benennung der Weinlagen haben diese unterschiedlichen Traditionen kaum Bedeutung, sie ist durch die verschiedenen Anbaugebiete und über die Sprachgrenzen hinweg eher homogen.

Die Benennungen entstammen überwiegend der Topographie, allein 162 Lagennamen enden mit der Silbe *-berg,* wie *Pfaffenweiler Batzenberg* oder *Bamlacher Kapellenberg*. Häufig findet sich, entweder allein oder in Kombination, der Begriff *Halde*, welcher sich aus dem althochdeutschen *halda* ableitet und in seinem Ursprung Abhang bedeutet, zum Beispiel in der *Wasenweiler Kreuzhalde*.

Halden, Buckel und trinkfeste Fürsten

Die *Meersburger Sängerhalde* hat ihren Namen weder davon, daß sie in Besitz eines Männergesangvereins war, noch daß in oder auf ihr besonders viel gesungen wurde. Es wird zwar erzählt, daß früher, zu der Zeit, als die Trauben noch mit der Hand gelesen wurden, es dem Gesinde untersagt war, von den süßen Trauben zu naschen. Um sicher gehen zu können, daß sich an dieses Verbot gehalten wurde, soll in den Weinbergen bei der Lese gesungen worden sein.

Die *Sängerhalde* hat aber sicherlich ihren Namen von *absengen*. Die Eichen, die auf ihr standen, wurden erst geschält – Eichenrinde war ein wertvolles Material für die Lohgerberei – dann gefällt und schließlich die Stümpfe verbrannt. Die Asche düngte das Feld, darauf wurden dann die neuen Weinberge angelegt. Die alte Schreibweise des Namens *Sengerhalde* verdeutlicht dies zudem.

Ähnlich oft trifft man die Silbe *-buck* an. Es ist die Verstümmelung von *Buckel* und bezeichnet meist kleinere Geländeerhebungen, Hügel oder Anhöhen. Der *Heidelberger Dachsbuckel* hat seinen Namen zum einen von seiner kleinen Hügelform, zum anderen ist hier die Beschaffenheit des Bodens so, daß Dachse sich sehr gut ihre Höhlen bauen können. Sie kommen in dieser Lage häufig vor.

Mit *hole* oder *holt* wird leicht abschüssiges Gelände bezeichnet, und der *bühl* ist die Verkleinerungsform des mittelalterlichen *Bühl,* der gleichbedeutend zu Hügel benutzt wurde. Allein zwei Drittel der Lagen in Baden sind mit solchen Bezeichnungen verbunden, wie die Beispiele *Heitersheimer Sonnhohle*, *Oberweiler Kronenbühler* oder *Merdinger Bühl* zeigen. Ein Indiz dafür, daß der badische Weinbau überwiegend in hügeligem oder bergigem Gelände angesiedelt ist.

Da scheint der Name *Nienburger Steingrube* aus der Reihe zu fallen, wächst

Badens Weingärten und -berge, wie hier bei Ihringen am Kaiserstuhl, sind von der Sonne verwöhnt

doch Wein besser an sonnigen Hügeln wie in dunklen Gruben. So ist aber die *Grub* in Wirklichkeit keine Grube. Der Name könnte aus dem mittelhochdeutschen *krebe*, was Korb bedeutet, kommen. Die Korbverschläge in den Wäldern, die zur Eichelmast genutzt wurden, trugen diesen Namen. Oft war es zu mühsam, die Schweine in der Nacht aus dem Wald in das Dorf zu treiben, so ließ man sie über Nacht darin.

Grube oder Sonnenseite?

Bei der *Heidelberger Sonnenseite ob der Bruck* zeigt der Name an, wie und wo die Lage anzusiedeln ist. Sie liegt oberhalb der alten Brücke in Heidelberg in Südlage mit einer guten Sonneneinstrahlung. Die Pfälzer Kurfürsten, die im Heidelberger Schloß oberhalb der alten Brücke residierten, waren weinfrohe Gesellen. So manche Geschichte über ihren schon legendären Durst ist überliefert worden. Doch manchmal mußten sie den Umständen der Zeit gehorchen und ihre Gastfreundschaft etwas einschränken. *In der Schlacht von Seckenheim konnte Friedrich der Siegreiche seine drei gegen ihn verbündeten Feinde festsetzen. Er ließ sie nach Heidelberg bringen, und da sich die Verhandlungen über das Lösegeld über zwei*

Jahre hinzogen, hielt er sie über die ganze Zeit in strenger Haft. Einmal bat er sie doch ins Schloß zu einem Mahl. Über die gute Bewirtung freuten sie sich, zeigten sich aber verwundert, daß das Brot fehlte. Der Kurfürst erhob sich und bat die drei Herren ans Fenster, zeigte hinaus ins Land und sagte: „Hättet ihr nicht meine Dörfer niedergebrannt und meine Felder verwüstet, würde das Brot auf diesem Tisch nicht fehlen."

In den Herrschaftsbereich der ehemaligen Kurpfalz gehörten auch die Gebiete der linksrheinischen Pfalz. 1589 war das Jahr einer Rekordernte in der Kurpfalz. Da beschloß Johann Casimir, im Andenken an das ergiebigste Jahr seiner Regierungszeit, das größte aller Fässer zu bauen. 1593 war das Faß fertiggestellt und man konnte 132 Fuder einfüllen. Während des Dreißigjährigen Krieges wurde dann das Faß zerstört, doch Karl-Ludwig ließ 1644 ein neues bauen, das das andere noch an Größe übertraf. Es konnte 204 Fuder Wein fassen. Das Faß trug die Inschrift: *Gott segne die Pfalz bei Rhein von Jahr zu Jahr mit gutem Wein, daß dieses Faß und andere mehr, nicht wie das alte werde leer.* Zudem war es mit Schnitzereien verziert und auf seiner Oberseite soll ein Tanzboden gewesen sein.

Das warme Klima am Kaiserstuhl begünstigt den Weinbau

Die Riesenfässer dieser Zeit dienten in erster Linie der Repräsentation. In zweiter Linie sollten sie die großen Weinmengen, die benötigt wurden, um die Beamten zu bezahlen, aufnehmen. Alle Bediensteten sollten Wein von gleicher Güte bekommen. Sämtliche Zehntweine wurden in das Faß gefüllt, die Cuvée an die Beamten ausgeschenkt.

Große Fässer und kleine Zwerge

Die Menge Wein, die das Heidelberger Riesenfaß enthielt, war unverstellbar groß, doch einem soll es gelungen sein, es ganz auszutrinken, dem *Zwerg Perkeo*.

Kurfürst Karl Philipp weilte einst in Innsbruck. Dort begegnete er einem zwergenhaft kleinen, lustigen Tiroler Knopfmacher, Clemens genannt. Der Kurfürst fand an ihm Gefallen und bat ihn als Hofnarren an sein Heidelberger Schloß. Der Zwerg erwies sich als äußerst trinkfest, weit und breit konnte es kein zweiter mit ihm aufnehmen. Eines Tages schlug ihm der Kurfürst eine Wette vor: „Clemens, wenn Du es schaffen solltest, das große Faß in meinem Keller auszutrinken, dann sollen Stadt und Schloß Dein eigen sein!“ „Perchè no?“ entgegnete der Zwerg in seiner Muttersprache, „warum auch nicht?“ Als ob es gerade gälte einen Schoppen auszutrinken.„Ich nehme Dich beim Wort Perkeo – so sollst Du ab heute heißen und mein Kellermeister sollst Du sein!“

Jetzt bleibt die Frage offen, ob Perkeo das Faß leergetrunken hat oder nicht. Die einen sagen, kurz bevor er es geschafft hätte, wäre der Kurfürst nach Mannheim übergesiedelt, daher sei Perkeo nicht mehr dazu gekommen, es leerzutrinken. Es wird auch behauptet, der Kurfürst sei nur deswegen nach Mannheim gegangen, weil er weder die Stadt noch das Schloß verlieren wollte. Andere sagen, es wäre dem Zwerg gelungen, und deswegen hätten ihn die Heidelberger in Holz schnitzen lassen und als Hüter des Fasses in den Schloßkeller gestellt.

Die Namen *Schloßberg (Schriesheim)*, *Castellberg (Achkarren)* oder *Burg (Mundingen)* zeigen uns auf, daß diese Lage zum ehemaligen Herrschaftsbereich einer Burg oder eines Schlosses gehört.

Weinlagen erhalten Geschichte: Von Burgen, Dörfern und großen Kämpfern

So hat die Großlage *Vogtei Rötteln* im Markgräflerland ihren Namen von der ehemaligen Burg Rötteln. Sie war zuerst im Besitz der Familie von Rötteln, ab 1315 dann in dem des Markgrafen von Sausenberg. Unter den Sausenbergern wurde Rötteln zu einer großen Burganlage. Von der Burg aus wurde der ganze Herrschaftsbereich der Sausenberger regiert. Im Bauernkrieg wurde Rötteln nicht zerstört, erst im Dreißigjährigen Krieg konnte die bis dahin als uneinnehmbar geltende Burg von den Schweden eingenommen werden. Im Pfälzischen Erbfolgekrieg wurde Burg Rötteln zerstört. So erzählen nur noch der Name der Lage und die Ruinen über die ehemals stolze Burg Rötteln.

Die Siedlungsfolge Römer, Alemannen und Franken findet sich im *-heim* der Ortsnamen wieder. Es zeigt deutlich die fränkische Landnahme auf. In Lagennamen wie *Mengener Alemannenbuck* sind die ehemaligen Bewohner dieses Landstriches verewigt. Die *Tuniberger* Großlage *Attilafelsen* soll ihren Namen davon haben, daß Attila mit seinen Hunnen, nachdem er Worms zerstört hatte, hier gelagert habe. Andere sagen, daß hier ein hunnischer Kriegsfürst gemeinsam mit seiner Rüstung und reichen Schätzen begraben läge. Was vielleicht darauf zurückzuführen ist, daß die Form des Berges einem Hügelgrab ähnelt.

Andreasberg (Ortenberg), Josephsberg (Durbach), Michaelsberg (Untergrombach) verweisen auf die Namenspatrone der Ortskirchen. Diese Namen wurden gerne auch für die Lagennamen gewählt. Zum Teil ist der Ertrag der jeweiligen Lage auch der Zehnt für den Pfarrer oder für den Meßwein bestimmt gewesen. Diese Lagennamen machen auf die Volksfrömmigkeit des Mittelalters aufmerksam. Wegkreuze und Bildstöcke wurden aufgestellt, weil man glaubte, daß die Rebe besonderen geistlichen Zuspruch benötige. Kaum eine Frucht ist so abhängig von der rechten Menge Regen, damit es ein guter oder sogar ein großer Weinjahrgang wird.

Sicher ist sicher – der Beistand der Heiligen

Ein Wegkreuz in den Weinbergen hat schon so manchen vor Schaden behütet. Die folgende Geschichte erzählt, was sich ereignete, als Faust sein Unwesen in Stauffen und dem Breisgau trieb:
Ein Bauer und sein Sohn kehrten abends von der Arbeit im Felde nach Hause zurück. Sie hatten lange gearbeitet und es dunkelte schon, als sie am Bannkreuz vorbeikamen. Plötzlich hörten beide ein gewaltiges Rauschen in der Luft und ein großer schwarzer Vogel flog über sie durch die Luft. Vater und Sohn flüchteten sich an das Bannkreuz und sprachen ein Gebet. Als sie dann in die Stadt kamen, war es schon dunkel. Der Bauer kehrte noch ins Gasthaus ein, da saßen zwei Fremde am Tisch. Einer war gekleidet wie ein Doktor, der andere Mantel, Hut und Schwert, wie ein Knecht. Da sagte der vermeintliche Doktor zu dem Bauer: „He, Bauer hast du auf deinem Wege nicht einen großen schwarzen Vogel gesehen?“ Der schwarz gekleidete fügte

Die vielen Berge in den Lagennamen Badens, wie hier beim Pfarrberg, sind Hinweis für die hügelige Landschaft

hinzu: „Und bist zum Bannkreuz gelaufen?“ Dazu hat er gelacht, daß das Echo in der Stube widerhallte. Da wurde es dem Bauern aber reichlich seltsam, denn es war niemand außer seinem Buben bei ihm gewesen.

Die Namen *Gottesacker (Hügelheim)*, *Ölberg (Durbach)*, *Paradies (Feldberg)* oder *Lorettoberg* gehören auch in den Bereich der christlichen Tradition. Die Lage *Freiburger Lorettoberg* zum Beispiel hat ihren Namen von der über ihr liegenden Lorettokapelle. Auch hier ist eine Entstehungsgeschichte bekannt: *Als das Heilige Land in die Gewalt der Sarazenen kam, so berichtet die Legende, lösten Engelshände das Häuschen von Nazareth von den Fundamenten und trugen es weit über Land und Meer zuerst nach Terasato bei Fiume, dann nach Recanati und zuletzt nach Loretto in Italien.*

Die in der Casa Sancta aufgestellte Statue der *Schwarzen Muttergottes* wurde hoch verehrt und von tausenden von Pilgern aus aller Welt besucht. Im Mittelalter stifteten fromme, reiche Pilger nach ihrer Rückkehr in die Heimat Lorettokapellen. Jede dieser Kapellen ist eine genaue Nachbildung der Lorettokapelle in Italien. Sie hat ein Ausmaß von etwa 10 auf 4 Metern und ist schlicht und einfach ausgestattet.

Weitaus weltlicheren Ursprungs ist das *Zeutener Himmelreich*. Man könnte zwar beim Genuß dieses Weines den Himmel in den Weinberg versetzen oder auch ins Glas, der Name aber hat sich aus dem keltischen *e*, was klein bedeutet, und *maill,* für Hügel entwickelt. So wurde im Laufe der Zeit und durch das Vergessen der keltischen Sprache aus dem kleinen Hügel der Himmel.

Der *Heitersheimer Maltesergarten* hat seinen Namen von den ausgedehnten Besitzungen, die der Malteserorden in der Gemarkung von Heitersheim hatte. Der Rebbesitz war so ausgedehnt, daß der Großprior seine Residenz hierher verlegte.

Steine und Baßgeigen – alles ist hier vorhanden

Über die Bodenqualität erzählen uns Namen wie *Ihringer Steinfelsen* oder *Bottschweiler Steinberg* etwas. Sie verdeutlichen uns, daß die meisten badischen Weinberge, gleich in welchem Bereich Badens, auf steinigem Untergrund angelegt sind. Die Nachsilbe *-Mäuerchen* oder *-Mauer* wie bei *Walterhofener Steinmauer* läßt sich durch die am Kaiserstuhl erfolgte Terrassierung der Steilhänge erklären. Mauern mußten gebaut werden, um bei starken Regenfällen das Abrutschen des Steilhanges zu verhindern.

Die Form des Hügels nimmt auch auf den Namen Einfluß, so in der berühmten

Staufen und sein Schloßberg

Lage *Oberbergener Baßgeige*, die in ihren Konturen eine Baßgeige nachzeichnet. Manche Namen haben keine Beziehung zur Geländeform, sondern vermitteln historische Ereignisse und überlieferte Begebenheiten.

So zum Beispiel die Geschichte der Entstehung des Namens *Alde Gott*, der in Sasbachwalden seit etwa 300 Jahren urkundlich verbürgt ist. Er geht zurück auf die Zeit nach dem Dreißigjährigen Krieg, als der deutsche Südwesten den schlimmsten Verheerungen ausgesetzt war. Ganze Landstriche wurden damals durch die Kriegswirren entvölkert.
Auch das Tal von Saßbachwalden war von verschiedensten Söldnertruppen verwüstet worden. Fast alle Einwohner waren vertrieben oder getötet. In ihrer Verzweiflung glaubten die wenigen Überlebenden, die versteckt in den Wäldern überlebt hatten, sich vom Herrgott gänzlich verlassen. So trafen sich völlig unerwartet ein Mann und seine Frau, beide auf der Suche nach Eßbarem, im

Weinberg. Voll Freude über das Wiedersehen rief die Frau aus: „Der alde Gott lebt doch und hilft uns weiter!" Später wurde der Weinberg nach diesem Ausspruch *Alde Gott* benannt, wobei *alde* die damalige alemannische Schreibweise gewesen ist.

Die Lage *Steinbacher Stich den Buben* hat ihren Namen von ihrem Besitzer, auch wenn man meinen könnte, er sei in der Hitze eines Skatspieles entstanden. Markgraf Karl I. von Baden beschenkte seinen Leibkoch Hans Stichdenbuben in Anerkennung für seine Leistung und seine Verdienste mit diesem Stück Rebland.

Meersburger „Luderleben", Bodensee-Überquerer und unschuldige Hexen – alles wird zu Wein

Eine andere Geschichte erzählt die Entwicklung eines Lagennamens am Bodensee, dem *Meersburger Jungfernsteig*, aus einer ganz anderen Sicht:
„Der Ortspolizist Friedrich Haas war ein gewissenhafter Feldhüter. Es mag um die Jahrhundertwende gewesen sein, als er die folgende Anzeige beim „hochwohllöblichen" Gemeinderat Meersburgs aufgab: „Auf meiner Feldhut sah ich den hier wohnhaft verheirateten N.N. und die hier verheiratete N.N. im Gewann Hurenwadel. Sie trieben dort ein solches Luderleben, wie solches sonst nur unter Eheleuten vorzukommen pflegt." So tüchtig Friedrich Haas war, so wenig scheint er sich Gedanken über die Bedeutung von Flur- und Lagennamen gemacht zu haben; andernfalls hätte er jenes Mal sein strenges Feldhüterauge zugedrückt. Wie man sieht, hieß das Gewann damals noch „Hurenwadel". Die spätere Umbenennung in „Jungfernsteig" freilich brauchte auch nicht gleich als Ehrenrettung jenes Frauenzimmers gelesen zu werden; der Feldhüter könnte sich um ein paar Rebzeilen geirrt haben: „Lustgarten" war der Name des benachbarten Rebstücks, das eine Unterstädtlerin ... nur über die beschwerliche Jungfernsteige erreichte. In den 60er Jahren ... wollten Meersburger Ratsherren aus dem „Jungfernsteig" wieder ein „Hurenwadel" machen. Dies scheiterte am Staatsweingut. Der „Jungfernsteig" sei inzwischen ein eingeführter Wein, hieß es nun, und „Hurenwadel" und Frau N.N. waren längst vergessen."

Und zur *Meersburger Haltnau* ist folgende Anekdote überliefert:
In Meersburg lebte einst das Fräulein Wendelgard von Haltnau. Es war schrecklich häßlich von Gestalt und zudem statt eines Mundes mit einem Schweinsrüsslein ausgestattet. Da es so allein war, wollte es seinen Besitz stiften und fortan im Spital leben. Sie schlug den Meersburger Ratsherren vor, sie könnten ihren gesamten Besitz haben, nur müßten sie des Sonntags immer mit

ihr zum Speisen in das Gasthaus gehen. Jetzt konnte das Fräulein aber, wegen seines Schweinsrüssleins nicht vom Teller essen, nein, es brauchte ein Tröglein. Den Meersburger Ratsherrn war es zu viel, jeden Sonntag mit dem Fräulein zu speisen. Als sie ihren Wunsch jedoch den Konstanzern vortrug, waren die sich nicht zu fein. So gehört eine der besten Meersburger Lagen dem Konstanzer Stift.

Selten passiert es, daß der Bodensee zufriert. Über ein solches Ereignis berichtet die Geschichte vom Reiter über den Bodensee:
1573 gelang dem Knecht Anton Egglisberger der Ritt über den Bodensee. Einheimische hatten ihn gewarnt, das Eis krachte und taute schon. Egglisberger stieg vom Pferd und zog es hinter sich her. Erst hinter ihm zerbrach das Eis. Der kühne Egglisberger feierte sein Glück nicht einmal mit einem Dankgebet, sondern mit einem wüsten Gelage im Gasthaus. Wobei anzunehmen ist, daß zu dieser Gelegenheit auch reichlich Bodenseewein konsumiert wurde.

Die Lage *Kappelrodecker Hex von Dasenssein* hat ebenfalls eine sagenhafte Erklärungsgeschichte:
Es lebte auf Burg Dasenstein bei Kappelrodeck die schöne junge Frau des Burgherren. Er verdächtigte sie, ihr Herz einem Küchenjungen geschenkt zu haben. So sehr sie es bestritt, er glaubte ihr nicht. Schließlich verwies er sie der Burg. Sie baute sich unterhalb der Burg, in der Nähe einer Höhle, ein Haus und pflanzte rings umher Wein. Mit der Zeit verblaßte ihre Schönheit und sie wurde eine alte zänkische Frau, die die Kappelrodecker Hex nannten. Nachdem sie gestorben war, wird die Erinnerung an sie und ihr unglückliches Schicksal im Lagennamen weitererzählt.

Klingelberger oder Riesling?

Zum Schluß soll noch die Frage beantwortet werden, wieso der Riesling nur in Durlach *Klingelberger* heißt. Markgraf Karl Friedrich, der spätere Großherzog von Baden, ließ um das Jahr 1776 etwa 8000 Stück Riesling-Setzholz als Mutterpflanzen kommen, die im *Klingelberg*, einer Lage neben dem Schloß Staufenberg bei Durlach, angepflanzt wurden. Der Riesling gedieh gut, und die Reben, die aus diesem Weinberg kamen, wurden daher in der Ortenau *Klingelberger* genannt.

So vielfältig wie seine Landschaften, so abwechslungsreich wie seine Traditionen – so sind die Weine Badens. Ob es ein Spätburgunder vom Kaiserstuhl, ein grauer Burgunder aus der Ortenau, ein Riesling aus dem Kraichgau, ein Müller-Thurgau vom Bodensee oder ein Kerner aus Tauberfranken ist. Jeder für sich spiegelt eigenständig eine tausend Jahre alte Tradition wider, die zugleich jung und lebendig geblieben ist.

Franken

Die Lagen Schloßberg und Marienberg in Würzburg gehören zu den berühmtesten in Franken

Den Windungen des Mains folgend, liegt die Weinbergzone Frankens an sonnigen Süd-Südwest-Hängen. Nur in diesen klimatisch besonders begünstigten Zonen wird Weinbau betrieben. Franken ist das fünftgrößte deutsche Anbaugebiet mit einer Anbaufläche von etwa 5600 Hektar. Benannt wurde das Gebiet nach dem germanischen Stamm der Franken, die hier ab dem 7. Jahrhundert siedelten.

Die Kunst des Weinbaus wurde von irischen Mönchen nach Franken gebracht. Als sie im 7. Jahrhundert die noch heidnischen Einwohner missionieren wollten, brauchten sie Wein für Liturgie und Kult. Sie waren die ersten, die meist in geschützten Lagen und in der Nähe der Klöster Wein anbauten. In Franken wurde der heilige Kilian auch zum Weinheiligen, im Gegensatz zu den anderen Weinanbaugebieten, wo Winzer und Küfer den heiligen Urban verehren.

Ab dem 8. Jahrhundert gab es einen starken Aufschwung im Weinbau, bis zum Ende des 16. Jahrhunderts wurden in Franken um die 40000 Hektar bebaut. Kriege, die Verschlechterung des Klimas und das Aufkommen von Tee und Kaffee führten ab dem 17. Jahrhundert dazu, daß die Nachfrage nach Wein zurückging.

Der fränkische Weinbau blieb auch nach seiner Erholung ab den 30er Jahren auf wenige ausgewählte Klimazonen beschränkt, denn im rauheren Klima Frankens besteht die Gefahr von Frühjahrs- und Herbstfrösten. Die Weine Frankens werden in den sogenannten Bocksbeutel abgefüllt. Dieser ist urkundlich 1728 erstmals erwähnt. Die bauchigplatten Glasgefäße begannen allerdings schon seit dem 15. Jahrhundert sich bei der Abfüllung von Wein durchzusetzen. Der Name *Bocksbeutel* soll auf den Hodensack des Ziegenbockes zurückgehen, dem er entfernt ähnelt. Der Ziegenbock, als lüsterner Traubennascher und bacchanalischer Begleiter des Weingottes, ist ein aus der Antike überliefertes Motiv. In den Ländern der Europäischen Union ist die Bocksbeutelflasche geschützt und darf nur für Frankenweine verwandt werden.

Teuflische Sagen für „höllisch" guten Wein…

Dem *Großostheimer Reischklingenberg* hat seine Form den Namen gegeben. Das fränkische *klinge* bedeutet einen Einschnitt oder einen Hohlweg in einem Berg. *Reisch* meint Reisig oder dichtes Unterholz. Wahrscheinlich wurde für diesen Weinberg der Hochwald gerodet, der Weinberg dann aber erst im nächsten

Das herbstliche Franken präsentiert sich besonders im Weinberg von seiner schönsten Seite

Jahr angelegt, so daß das Unterholz sich wieder ausbreiten konnte.

Ein alter überlieferter Name ist die *Erlabrunner Weinsteige*. Er leitet sich von *steigen*, dem mühevollen Erklimmen des Berges ab. Diese Lage ist nur über in den Fels gehauene Treppen erreichbar.

Der *Randersacker Pfülben* gab dieser Lage ihren Namen. Der Pfülben ist ein steil zum Main abfallender Berg zwischen dem Ort Randersacker und dem Teufelskeller. Mit *Pfulwen* oder *pfuel* wurde im Mittelalter das Kopfkissen bezeichnet. Diese Lagenbezeichnung gehört zu den ältesten in Franken. Sie ist seit etwa dem 14. Jahrhundert überliefert.

Die Entstehung des Lagennamens *Obereisenheimer Höll* ist durch eine alte Sage überliefert:
In einem Zehntkeller lagerten die Weine des Fürstbischofs von Fulda. Der Bruder Kellermeister hegte und pflegte sie. Eines Tages bemerkte er, wie aus seinem schönsten Faß mit dem besten Wein, Wein verschwand. Auch wenn das Faß neu war, der Schwund war mehr als der übliche. So verprügelte er erst einmal seinen Küferknecht, da er ihn im Verdachte hatte, sich heimlich Wein aus dem Fasse abzuzapfen. Der schwor heilige Eide, daß es nicht er gewesen sei, der den Wein gestohlen hätte. Nach kurzer Bedenkzeit - und als noch immer Wein aus dem Fasse verschwand - glaubte der Kellermeister seinem Knecht. Eines Abends nahm er sich vor, sich auf die Lauer zu legen und den Schuft zu stellen, der des Nachts heimlich seinen Wein trank. So ging er mit Licht ausgestattet und Knüppel bewaffnet in den Keller, um sich auf die Lauer zu legen. Mit der Zeit bekam er Durst und so trank er aus einem Krug, den er sich mitgebracht hatte, Wein. Und langsam trank er immer mehr Wein, und der Krug wurde immer leerer, bis er plötzlich einschlief.

Um Mitternacht wachte er auf. Der Keller stank bestialisch nach Schwefel und irgendwer machte einen Höllenlärm. Vorsichtig lugte er hinter seinem Faß hervor. Hier hatte er sich versteckt, um vom Weindieb nicht gleich entdeckt zu werden. Da sieht er, wie der Teufel auf seinem besten Faß sitzt und sich mit Wein bedient. Erst war der Bruder Kellermeister ängstlich und fürchtete sich sehr. Dann wurde er wütend – „was hat der Teufel in meinem Keller zu suchen!“ Er nahm seinen Knüppel und ging auf den Teufel los. Der erschrak und versuchte voller Angst aus dem Keller zu fliehen. Der Bruder Kellermeister machte die schwere Kellertür hinter ihm zu und konnte gerade noch den Schwanz des Teufels einklemmen.

Der schrieh Zeder und Mordio, bat und bettelte: „der Kellermeister möge doch seinen Schwanz aus der Tür lassen, er

müsse gehen, er wolle auch nie wieder kommen, wenn der Kellermeister ihn nur gehen ließe." Zum guten Schluß ließ der Kellermeister ihn dann doch gehen. Aber erst nachdem der Teufel versprochen hatte, immer eine höllische Hitze unter dem Weinberg zu machen, damit dort ein guter Tropfen wächst.
Die wahre Entstehung des Namens ist weniger sagenhaft. Er ist vermutlich auf das mittelhochdeutsche *hel* zurückzuführen, welches eine steile Halde oder einen steilen Abhang meint. Im Laufe der Jahrhunderte wurde aus *hel* dann die *Hölle*.

Der *Randersacker Marsberg* hat seinen Namen von *morsch* und nicht vom römischen Kriegsgott Mars. Er ist zum Teil auf dem Geröllschutt der umliegenden Steinbrüche angebaut.

Harfenmusik, Rosenberge, Katzenköpfe

Das etwa acht Hektar große Stück der *Würzburger Stein-Harfe* hat seinen Namen davon, daß es wie eine Harfe geschwungen ist. Zwei mauerumfaßte Weinbergswege geben die Harfenform ab, die Rebzeilen sind die Seiten. Es gehört dem Bürgerspital zum Heiligen Geist in Würzburg.

Für den Lagennamen *Sommeracher Rosenberg* gibt es zwei Deutungsversuche. Zum einen könnte er seinen Namen von den Heckenröschen haben, die entlang der Weinbergraine und der Gräben in Rebanlagen wachsen. Zum anderen könnte der Name auch vom mittelhochdeutschen *rasen* kommen. Dieses Wort wurde bei einer starken Bodenerosion verwandt. In den Steillagen Frankens kann – bei starkem Regen – die Erdschicht der Steillagen in Bewegung geraten.

Die Herkunft des Namens *Sommeracher Katzenkopf* ist nicht gesichert. Es wird berichtet, daß ein immer durstiger Häckersmann – so werden in Franken die Weinbauern genannt – durch den Anblick einer ausgestopften Katze von seiner Trunksucht befreit worden sei. Die Geschichte ist aus dem 16. Jahrhundert verbürgt. So soll seine Frau die ausgestopfte Katze auf das Faß mit seinem besten Wein gesetzt haben, und er hat diese im schummrigen Kellerlicht irrtümlich für lebendig oder gar eine Hexe gehalten.

Schon Kaiser, Fürsten und Bischöfe wußten, was gut ist…

Der *Reppendorfer Kaiser Karl* hat seinen Namen von einem Besuch Karls des Großen in diesem Dorf. Er sei einstmals, auf dem Weg von Kaiserpfalz zu Kaiserpfalz, im heißesten Sommer in dieses Dorf gekommen. Da er Durst hatte, verlangte er nach einem Glas Wasser. Der erste Schluck des Wassers habe so

Die sonnenbeschienenen Weinberge Frankens laden zum Verweilen ein

entsetzlich geschmeckt, daß der gute Kaiser ausgerufen habe: „Hier muß Wein gepflanzt werden!“

Von der Wertschätzung dieser Lage durch einen anderen Kaiser berichtet die Sage beim *Ziegelanger Ölschnabel*. Auf der Reise von Schweinfurt nach Bamberg, wo er sich mit den Großen des Reiches treffen wollte, kam Friedrich Barbarossa auch durch dieses Dorf. Dem Dorf war es eine Ehre, ihn zu empfangen, und so wurde ihm ein Pokal voll des besten Weines gereicht. Seine wohlwollende Äußerung „der läuft wie Öl in den Schnabel“ stand bei der Namensgebung dieser Lage Pate.

Beim Namen *Gemündener Scherenberg* erinnert der Name an den Fürstbischof von Scherenberg, der als Erneuerer des Fürstbistums Würzburg gilt. Er brachte den Weinbau im Fürstbistum zur Blüte.

Der Name *Rimparer Kobersberg* geht auf die ehemalige Besitzerfamilie Koberer zurück.

Die Lage *Iphöfer Julius-Echter-Berg* hat ihren Namen in den 20er Jahren unseres Jahrhunderts bekommen. Er wurde gewählt, um den Würzburger Erzbischof Julius Echter zu ehren.

Der Weinberg des *Aschaffenburger Pompejaners* liegt neben dem von Ludwig I. erbauten Pompejanum, das nach dem Grundriß der Villa „casa di Castore e Pulluce“ in Pompei gebaut wurde. Die Villa entspricht in ihrem Baustil dem Gefühl seiner Zeit, dem Klassizismus. Und dem Bestreben des Bauherrn, sich ein kleines Italien in Franken zu schaffen.

Nach fränkischem Recht wurde nach dem Tode des Familienoberhauptes das Erbe zu gleichen Teilen zwischen den Erben aufgeteilt. Dies führte zur absurden Situation auf Burg Homberg, daß bis zu zwanzig Burgmänner und Edelfrauen mit ihren Familien die Burg bewohnten. Es bleibt die Frage, wie friedlich sich zur damaligen Zeit das Zusammenleben der verschiedenen Menschen und Charaktere gestaltete. Ein Tropfen *Homburger Edelfrau,* die in der Lage wächst, wo die Burg einst stand, dürfte auch zur damaligen Zeit versöhnend gewirkt haben. Der Name *Michelauer Vollburg* geht auf eine keltische Fliehburg zurück. Diese Fliehburg war oben auf dem Bergkegel gelegen. *Die Sage erzählt, daß einst in der Burg eine wunderschöne Jungfrau wohnte. Der Mann ihres Herzens war ins Heilige Land gezogen, um gegen die Ungläubigen zu kämpfen. Dort wurde er gefangengenommen und getötet. Der Jungfrau brach vor Gram und Trauer um den Geliebten das Herz. Noch heute kann man sie in mondhellen Nächten im Wald ein Lied singen hören.*

Die Lage *Markt Nordheimer Hohenkottenheim* ist ebenfalls der letzte Zeuge einer in den Bauernkriegen zerstörten Burg.

Die winterlichen Weinberge oberhalb von Dettelbach

Klöster, Beamtensold und Steuerschuld

Im Dreißigjährigen Krieg war Rothenburg lange von Tilly und seinem Heer belagert worden, am Ende ihrer Kräfte ergab sich die Stadt am Vorabend von Allerheiligen – auf Gnade und Ungnade – dem kaiserlichen Heer. Über der Stadt schwebte wie das Damokles-Schwert die Gefahr, daß Tilly sie seinen rohen Landsknechten zur Plünderung und Zerstörung preisgeben werde. Da standen sie, der Rat der Stadt und der Bürgermeister, um Tilly den Schlüssel der Stadt zu überreichen. Um den Sieger milde zu stimmen, kredenzten sie ihm einen Pokal voll funkelnden Frankenweines, vielleicht würde der Ehrentrunk ja besänftigend wirken.

Tilly bekam also den Pokal gereicht, der nicht weniger als dreizehn bayrische Schoppen maß. Da ritt ihn ein Teufel, mit den vor Angst schlotternden Ratsherren sein grausames Spiel zu treiben. Eine letzte Chance wolle er ihnen geben, würden sie sie nutzen, vergesse er die Widerspenstigkeit der Stadt und würde ihr die Plünderung erlassen. Es müsse nur einer aus ihren Reihen den Pokal bis zum letzten Tropfen leeren. Atemlose Stille herrschte auf dem Rathausplatz – wer würde es wagen? Da trat der Bürgermeister selbst aus der Reihe. Er setzte den Pokal an und trank, ohne ihn abzusetzen, kein Tropfen blieb darin. Die Stadt war gerettet, und Tilly mußte sein Versprechen halten.

Das ehemalige Zisterzienserinnenkloster *Himmelthal* gab dieser Erlenbacher Lage seinen Namen. Schon aus der Zeit um 1293 ist eine Schenkungsurkunde überliefert, die dem Kloster die Weinzuteilung während der Fastenzeit aufbessern sollte. Der Ertrag des *Dorfprozeltener Predigtstuhls* wiederum diente der Besoldung des Predigers. Auf den Brauch, Beamte mit Naturalien zu entlohnen, gehen die Riesenfässer zurück. Die Fässer wurden oft nach Klagen der Beamten gebaut, daß die Qualität ihrer Deputatsweine so schlecht sei. Jeder Wein wurde in diese großen Fässer gefüllt, der Einheitswein an die Beamten ausgegeben.

Der *Freckenhäuser Kapellenberg* hat seinen Namen von einer oberhalb in den Weinbergen gelegenen Kapelle. Diese Kapelle wurde 1699 von dem Büttner Valentin Zang in den Weinbergen erbaut, um ein Gelübde einzulösen. Er hatte geschworen, die Kapelle zu errichten, sollte er von seiner schweren Krankheit genesen.

Die Bauern der Umgebung mußten auf dem *Mühlbacher Fronberg* ihre Hand- und Spanndienste ableisten. Noch heute trägt die Lage diesen Namen und erinnert an eine Zeit, in der die Steuerschuld nicht nur mit barer Münze bezahlt werden mußte.

Auf dem *Zeislitzheimer Heiligenberg* stand vermutlich ein vorchristliches Heiligtum, das von den Mönchen um Korbinian zerstört wurde.

Korbinian und das Faß

Am festgesetzten Tag kam die Zeit der Weinernte und alle Bediensteten trugen die Ernte in den Keller des Heiligen und sammelten die Ernte in einem großen Faß. Da der Most aber in der Nacht heftig zu gären begann, gab es einen grossen Krach und der Spund flog heraus. Korbinian hörte den Lärm und erkannte wohl, was geschehen war. Er kniete sofort nieder und verharrte die ganze Nacht im Gebete bis zur Zeit der Morgenmesse. Nach der Messe ging er gemeinsam mit den anderen in den Keller und siehe: das Faß war unversehrt, kein Tröpflein war ausgelaufen.

Vielleicht war auf dem Gelände der Lage *Iphofer Kalb* einmal die Viehweide der Gemeinde. Ursprünglich ist hiermit aber ein kahler Berg gemeint. Die *lauteinsparende Tendenz* der fränkischen Sprache hat im Laufe der Jahre aus einem kahlen Berg ein Kalb gemacht.

Der Sage nach soll im Gebiet der heutigen Lage *Freihgericht* Friedrich Barbarossa von treuen Bauern vor einem Hinterhalt Heinrichs des Löwen gewarnt worden sein. An dieser Stelle verlieh er den Bauern *die volle Freiheit* und entließ sie dadurch aus der Leibeigenschaft.

Der Name *Neuseser Glatze* ist ein alter Flurname, der 1971 als Großlagenbezeichnung gewählt wurde, weil er originell erschien. Einige bei dieser Wahl anwesende Bürgermeister und Weinhändler verfügten über wunderschöne Glatzen. Mittlerweile wurde Neuses am Berg durch seine zahlreichen haarlosen Besucher zum *Mekka der Glatzen.*

Lumpen gibt es viele auf diese Welt, die den ehrbaren Menschen um sein sauer verdientes Geld bringen wollen. Der *Eschendorfer Lump* hat seinen Namen davon, daß er durch die Realteilung bis zur Unkenntlichkeit parzelliert wurde, so daß er mehr einem Lumpenteppich als einem Weinberg gleicht.

Zuerst etwas spröde, doch dann erschließt sich dem Weinfreund die breite Geschmacksvielfalt des fränkischen Weines. Verschlossen wie die Landschaft – so sind die Menschen hier. Doch wenn man sie näher kennenlernt, wird man schnell merken, wie rasch sie die Menschen an- und aufnehmen. Die fränkischen Weinlagen erzählen über die tausendjährige fränkische Weinbautradition, von Mönchen, Klöstern und einfachen Menschen. Von Erlebnissen und Ereignissen, die für die Menschen vergangener Tage wichtig waren – so wichtig, daß sie sie in einem Lagennamen verewigt haben.

Hessische Bergstraße

Im günstigen Klima der Hessischen Bergstraße herrschen ideale Bedingungen für den Weinbau

Die Hessische Bergstraße ist das drittkleinste Weinanbaugebiet Deutschlands, mit einer Rebfläche von etwa 470 Hektar. Geographisch ist sie in der Mitte der deutschen Weinkarte angesiedelt, zwischen Franken, Baden, Rheinhessen und dem Rheingau.

Sie schmiegt sich entlang der alten Römerstraße als schmaler Rebenstreifen von Darmstadt bis Wiesloch. Die schützenden Berge im Rücken und die Rheinebene im Vordergrund ermöglichen es, daß hier der Frühling – wie in der gegenüberliegenden Pfalz – früher beginnt als anderswo.

Die Weinberge sind hier, vorgegeben durch die Landschaftsform, weniger in Monokulturen angelegt als in anderen Weinanbaugebieten und haben eher den

Charakter von Weingärten. Sie sind immer vom Siedlungsrand abgegrenzt durch Hecken oder Haine, nach oben werden sie vom Hochwald abgeschlossen. Die mit Laubholz und Buschwerk unterbauten Waldränder haben auch eine wichtige klimatische Funktion. Zum Glück ist die Flurbereinigung an dieser Landschaft vorbeigegangen, hier existieren zahlreiche ökologische Reservate.

Schon die Römer haben hier Weinbau betrieben. Im Mittelalter gehörten dann die meisten Weinberge dem Kloster Lorsch. Im Dreißigjährigen Krieg und in den Kriegen, die im 17. und 18. Jahrhundert den deutschen Südwesten überzogen, ging die berebte Fläche zurück.

Guter Durst und schlechte Moral…

Die im Krieg einquartierten Soldaten schätzten den Wein. Ob Freund oder Feind, sie soffen die Keller leer – natürlich ohne zu zahlen. Bei einer solchen Zahlungsmoral blieben Ausschreitungen in der Regel nicht aus. Aus einem Ratsprotokoll der Stadt Schriesheim aus dem Jahre 1632 zum Beispiel ist überliefert, daß ein in der Stadt einquartier-

Der Heppenheimer Stemmler ist einer der zahlreichen Lagennamen interessanter Herkunft

ter Korporal acht Maß (16 Liter) Wein getrunken und danach den Bürgermeister und den Rat der Stadt wüst beschimpft und den Sohn des Wirtes geschlagen habe.

Nach der Reblausplage und den Schrekken, den der echte Mehltau verbreitet hatte, begann man dann gegen Ende des 19. Jahrhunderts wieder damit, vermehrt Weinberge anzulegen. 1904 gründete sich die Winzergenossenschaft in Heppenheim. Hier werden die meisten Weine der Hessischen Bergstraße ausgebaut, da die überwiegende Zahl der Winzer Weinbau nur im Nebenerwerb betreibt.

Hügel und Berge, Stacheln und Hölle

Für die Lage *Auerbacher Höllberg* gibt es zwei Deutungsversuche. Der eine besagt, daß das Wort *höll* auf einen besonders hochgelegenen Weinberg verweist, da *höll* die Umformung des alten Ausdruckes *hel*, welcher Halde meint, ist. Der andere glaubt, daß es sich hier um einen Spottnamen für eine besonders schlechte Lage handeln könnte. Welche Version nun von den *Höllberg*-Besitzern und welche von den Nachbarn bevorzugt wird, kann man sich leicht ausrechnen...

Der Name *Klein-Umstätter Stachelberg* ist 1403 erstmals erwähnt. Das althochdeutsche Wort *stachil* bezeichnet einen steil abfallenden Hang und charakterisiert die Geländeform dieses Abschnittes treffend. Ein Darmstädter Hofrat beschreibt im letzten Jahrhundert die Gegend folgendermaßen:

An den Südhängen von Umstadt und Klein-Umstadt reift die Traube zu kostbarem Wein, der als kräftiger Wein von Auswärtigen gern gekauft und gut bezahlt wird. Sein Feuer und sein Geschmack sind von ganz eigenartiger Beschaffenheit. Dem, welchen man am Umstädter Stachelberg zieht, wollen wir den Vorrang geben.

Steingeröll und Kalkgasse

Auch die Bodenbeschaffenheit kann ihre Auswirkung auf die Namensgebung haben. So liegt die Lage *Zwingenberger Steingeröll* bei einer Ansammlung von Steinen, die auch Felsenmeer genannt werden. Die am steilen Hang liegende Lage erfordert eine mühevolle manuelle Bewirtschaftung.

Die *Bensheimer Kalkgasse* hat ihren Namen von einer geologischen Bodenformation. Im weichen Kalkstein entstanden im Lauf der Zeit durch Sonne und Regen Hohlwege.

Ein adliger Junker aus Bensheim besaß zwar viel Wein, aber auch eine Menge Schulden, die er pünktlich bezahlen mußte. So rief er all seine zinspflichtigen Bauern aus den umliegenden Ortschaften zusammen und befahl ihnen, daß ein jeder 5 Maß (10 Liter) Wein trinken solle. Keiner müsse dafür auch nur einen Heller bezahlen. Noch nie hatte man von solch einer Art Frondienstleistung gehört.

Wie aus Wein Geld wird...

Erfreut begannen die Bauern mit ihrer „Fron" und tranken munter drauf los. Nach dem dritten Maß fing der Wein an zu wirken, sie fingen an, sich zu necken und zu verspotten. Schnell wurde aus Spaß Ernst und die Raufhändel begannen. Es gab an diesem Abend unter ihnen reichlich blutige Köpfe.

Auf diese Gelegenheit hatte der Junker nur gewartet. Als Standesherr ließ er sie wegen der Raufereien zu den üblichen Geldstrafen verurteilen. So kam er – mit Hilfe des Weines – zu Geld, mit dem er seine Gläubiger bezahlen konnte.

Steingerück und Fürstenlage

Die Lage *Groß-Umstätter Steingerück* ist erstmals 1428 urkundlich erwähnt. Die Übersetzung des Namens aus dem Mittelhochdeutschen bedeutet *langgezogener Rücken aus Stein*.

Der Name *Auerbacher Fürstenlage* ist wesentlich jünger als die Lagennamen der anderen Weinberge. Er stammt aus der Zeit, als die großherzogliche Familie von Hessen-Darmstadt hier ihren Sommeraufenthalt zu verbringen pflegte.

Hagens Mord, Siegfrieds Tod und das Gold der Nibelungen

Ebenfalls in dieser Weinbauregion liegt im Mossautal der Lindelbrunnen. Hier soll der Sage nach Hagen Siegfried beim Trinken getötet haben, als er ihm das Schwert durch die Stelle auf dem Rücken stieß, die das Blut des Drachen nicht unverwundbar gemacht hatte. Danach soll Hagen das Gold der Nibelungen im Rhein versenkt haben. Wahrscheinlicher ist bei dem Ursprung des Namens, daß es sich um eine keltische Kultstätte handelt, die von Linden umstanden war.

Mit *Haimonskinder* wird ein Platz oberhalb von Auerbach bezeichnet, auf dem eine Buche steht, aus deren einer Wurzel sich vier Stämme gebildet haben. Diese Buche erinnert an die Sage von den Haimonskindern.

Nach dem Tode des Vaters zogen die vier Söhne des Ritters Haimon durch den Odenwald und bestanden viele gefährliche Abenteuer. Da sie sich nie voneinander trennen wollten, ritten sie immer

Auch unterhalb der Starkenburg gedeiht Wein an der Hessischen Bergstraße

gemeinsam auf dem Schlachtroß ihres Vaters Bayard. Einmal befreiten sie eine schöne Prinzessin, die Tochter des Grafen von Darmstadt aus der Gewalt von Räubern. Diese hatten die Prinzessin geraubt, auf ihrer Burg im Wald festgesetzt und verlangten vom Vater der Prinzessin ein enormes Lösegeld.

Burgen und Schlösser, Kirchen und Klöster

Die Lage *Zwingenberger alte Burg* hat ihren Namen von einer Wasserburg aus dem 13. Jahrhundert. Schon 1472 hieß die Flur im Osten der Stadt *hinter der alten Borge*. Die Lage liegt geschützt zwischen den letzten Häusern des Ortes und zieht sich steil, im oberen Teil terrassiert, bis zum Rand des Meliobokus, dem höchsten Berg der Bergstraße, der 1012 in einer Urkunde als *Mons Malscus* erstmals erwähnt wird.

Der *Bensheimer Kirchberg* ist nach der den Weinberg überragenden Kuppe benannt, sein Wahrzeichen ist das die Weinbergkuppe krönende Kirchberghäuschen.

Überall bieten sich wunderschöne Ausblicke…

Bensheim – „hinne rum"

Auch Bensheim hat zahlreiche überlieferte Geschichten:

Als die Franzosen einst die Stadt Bensheim belagerten und keine Aussicht auf Hoffnung war, vernahm man die Kunde, die Bayern stünden in der Nähe und wollten die Stadt entsetzen. Wie aber sollten sie - ohne von den Franzosen gesehen zu werden - in die Stadt gelangen?

Eine Frau nahm ihren ganzen Mut zusammen und stahl sich über einen verschwiegenen Steig aus der Stadt. Auf diesem Weg, einem unterirdischen Gang vom Schönberger Tal aus, führte sie die

…zum Beispiel vom Bensheimer Kirchberg aus

Bayern auch in die Stadt. Die Sage wird auch heute noch im Ausspruch „hinne rum, wie die Fraa vun Bensem“ überliefert.

Die Herkunft des Namens *Seeheimer Mundklinge* ist nicht ganz gesichert, *klinge* könnte eine Schlucht, durch die ein Bach fließt, bezeichnen und *mund* die umgangssprachliche Verwendung des französischen *mont* sein.

Die Ruine Tannenberg in der Nähe von Seeheim erinnert an die Sage von Ann-Els von Tannenberg:

Einst lebten auf der Burg Tannenberg ein Ritter, der hieß Konrad und seine schöne und fromme Gemahlin Ann-Els. Diese erkrankte einmal schwer, und Konrad tat das Gelübde, wenn sie wieder gesund würde, wolle er ins Heilige Land fahren und gegen die Heiden kämpfen. Ann-Els genas von ihrer Krankheit und der Ritter machte sich bereit, sich dem Kreuzzug anzuschließen.

Rittertum und edle Frauen: Die Sage von Ann-Els von Tannenberg

Unter vielen Tränen nahm er Abschied von seiner Frau, die er zärtlich liebte und zog zum Meer, um sich einzuschiffen. Auf dem Meer aber, wurde sein Schiff von Seeräubern angegriffen, er und seine Gefährten gefangengenommen und als Sklaven verkauft. Keine Nachricht über den Verbleib ihres Mannes drang an das Ohr von Ann-Els. Sie war reich begütert, und so mancher Ritter aus der Nachbarschaft hoffte, die schöne Witwe freien zu können. Sie ging auf nichts ein und wies alle Anträge zurück.

Eines Tages hörte sie von einem frommen Pilger, daß ihr Mann in der Gefangenschaft bei den Sarazenen schmachte. Da beschloß sie ihn zu retten, koste es was es wolle. Sie verstand es sehr schön auf der Harfe zu spielen, so legte sie Männerkleider an und gab sich als Spielmann aus. Sie fuhr übers Meer, dort angekommen suchte und forschte sie so lange, bis sie den Aufenthaltsort ihres Mannes herausgefunden hatte. Sie trat eines Tages vor seinen Herren und spielte so schön auf der Harfe, das dieser ganz entzückt war.

Der Herr rief, sie solle sich ihren Lohn selbst bestimmen und sie wählte sich unter den Sklaven ihren Mann aus. Doch gab sie sich ihm nicht zu erkennen. Gemeinsam gelangten sie wieder auf christlichen Boden, da schlich sie sich des Nachts davon, nicht ohne ihrem Gatten einen Beutel voll Gold zurückzulassen. So schnell sie konnte eilte sie nach Hause.

Nicht lange danach kam auch Konrad auf seine Burg zurück. Er wurde von seiner Frau freudig begrüßt und festlich empfangen. Alle Ritter der Umgebung kamen auf die Burg, um gemeinsam ein Wiedersehensfest zu feiern. Als Konrad so von seinen Abenteuern erzählte, raunten ihm einige ins Ohr, das Ann-Els in Männerkleidern durchs Land gefahren sei und ein unzüchtiges Leben gelebt hätte. Konrad war mehr als erzürnt, zog sein Schwert und wollte seine Frau töten. Die aber floh in ihre Kammer und verriegelte die Tür.

Kurz darauf trat der Spielmann, der Konrad befreit hatte, in die Halle der Burg und gab ein Lied zum besten. Als Konrad ihn freudig begrüßen wollte, gab Ann-Els sich zu erkennen. Konrad war überglücklich, und das Fest wurde noch rauschender gefeiert als vorher.

Guldenzoll und Centgericht

Auch die Bedeutung des *Heppenheimer Stemmler* verliert sich im Dunkel der Geschichte. Das Gebiet nördlich dieser Lage hieß früher *der lange Bühel*. Darüber befindet sich ein steiniger Bergkopf. Der ursprüngliche Name könnte *im Steenbühel* gewesen sein, der umgangssprachlich abgeschliffen wurde.

Die Lage *Heppenheimer Guldenzoll* nimmt vermutlich Bezug auf eine Zollstelle, die gegen das benachbarte Baden stand. 1541 erteilte Kaiser Karl V. dem Erzstift Mainz das Privileg, für jedes Fuder Wein, das in das Stiftsland eingeführt wurde, einen Gulden Zoll zu erheben.

Wahrscheinlich ist die Lage *Heppenheimer Centgericht* nach der ehemaligen Gerichtsstätte benannt. Im Volksmund wird diese Lage auch als *Rebmuttergarten* bezeichnet. Von 1927 an diente sie der Weinbauschule Oppenheim zur Aufzucht traubenloser Amerikaner-Reben, um Unterlagenholz für Pfropfreben zu gewinnen.

Der Weinklopper kündigt die gute Ernte an

Wie in anderen Gegenden, so gab es auch in Heppenheim lange Zeit vor dem Herbst gewisse Vorzeichen, die auf eine gute oder schlechte Weinernte hindeuteten. Wenn in den Kellern der Stadt der *Weinklopper* mit gewaltigen Geräuschen von sich reden macht, dann soll es ein gutes Jahr werden. Die Geräusche in den Kellern sollen davon stammen, daß der *Weinklopper* in Kellern Platz für den neuen Jahrgang schaffen will.

So zeigen uns die Lagennamen der hessischen Bergstraße nicht nur die Form der Landschaft und die Mentalität ihrer Bewohner. Sie überliefern uns auch ihre Geschichte, wer einst hier siedelte, lebte, liebte. Und so haben alle Bewohner einst und jetzt doch eines gemeinsam: Ihre Liebe für den Wein.

Mittelrhein

Wildromantische Landschaft, mittelalterliche Burgen und weltberühmter Wein

Die atemberaubende Landschaft des Rheintales zwischen Bingen und Bonn gab diesem Weinanbaugebiet ihren Namen. Sie ist – nicht nur für ausländische Touristen – der Inbegriff der Rheinromantik. Schon die Römer wurden durch das günstige Mikroklima des Tales zum Weinbau veranlaßt. Die von Legenden durchdrungene Landschaft, es sei nur an die Loreley oder die Nibelungen erinnert, war Dichtern seit Jahrhunderten eine Quelle der Inspiration. Von einer turbulenten Vergangenheit zeugen alte Burgruinen und mittelalterliche Stadtbilder.

Mit etwa 750 Hektar Anbaufläche zählt der Mittelrhein zu den kleinen und mit über 90 Prozent Steillagen zu den wohl arbeitsintensivsten Anbaugebieten Deutschlands. Zwischen Bingen und Koblenz finden sich Weinberge zu beiden Seiten des Rheins. Weiter nördlich wird Wein nur noch rechtsrheinisch angebaut. Zwischen Kaub und Dörscheid findet sich die größte geschlossene Weinbergfläche des Mittelrheins.

Die auf steil terrassierten Felsvorsprüngen angelegten Weinberge fordern besondere Behandlung. Die Winzer verwenden eigens konstruierte *Seilpflüge*, die mittels einer Winde den Berg hinaufgezogen werden. Alle anderen Arbeiten müssen von Hand erledigt werden, den Winzern stehen keine weiteren arbeitserleichternden Maschinen zur Verfügung.

Die älteste Weinanlage am Mittelrhein ist schon um etwa 400 nach Christus belegt: Venantius Fortunatus berichtet von einer Reise in die Residenz des fränkischen König Childebert II., daß auf der rechten Rheinseite gegenüber Andernach umfangreicher Weinbau betrieben wurde.

Drachen, Burgen und jede Menge Rheinromantik

Königswinterer Drachenfels – welche Assoziationen weckt dieser Lagenname! Der Drachenfels ist die bekannteste Erhebung des Siebengebirges. Der Rotwein wird hier Drachenblut genannt – in Anspielung auf den Kampf Siegfrieds mit dem Drachen, der hier stattgefunden haben soll.

Einst lebte in einer Höhle auf dem Drachenfels ein riesiger Lindwurm. Der hatte die Dörfer der Umgebung verwüstet, die Ernte gefressen und Jungfrauen geraubt. Es ging die Kunde, daß er in seiner Drachenhöhle unermeßliche Schätze versteckt haben sollte. So zog Siegfried mit dem Zwergenkönig Alberich zur Drachenhöhle, um mit dem Drachen zu kämpfen. Nach einem langen und grausamen Kampf gelang es Siegfried endlich, den Lindwurm zu töten. Er stach ihm sein Schwert in den Bauch, der einzigen Stelle an der der Lindwurm verletzlich war. Die Höhle quoll über vom Blut des Lindwurms. Da sagte Alberich zu Siegfried: „Wenn du

Auch in der Gegend von Oberwesel wächst hervorragender Rheinwein

im Blute des Lindwurms badest, dann wirst du unverwundbar." Siegfried nahm also ein Bad im Drachenblut, doch auf seine Schulter, an eine Stelle, die er nicht erreichen konnte, fiel ein Ahornblatt. Da konnte das Blut des Lindwurms diese Stelle nicht benetzen und Siegfried blieb an dieser Stelle verwundbar.

Die Lage *Kesterer Liebenstein-Sterrenberg* wurde nach den beiden Burgen Liebenstein und Sterrenberg benannt. Auf diese Burgen geht die Sage von den feindlichen Brüdern zurück.
Der Ritter von Burg Sterrenberg hatte zwei Söhne. Von klein auf kannten sie die Tochter eines Edelknechts der Burg. Sie wuchsen zusammen auf und waren gute Freunde. Als sie älter wurden, merkten beide Brüder, daß sie für das Fräulein mehr empfanden als nur Freundschaft. Sie gerieten darüber in Streit und einer der beiden Brüder verließ die Burg seiner Kindheit, um sich der Burg gegenüber seine eigene Burg zu bauen, die er Liebenstein nannte. Um die Grundstücke voneinander abzugrenzen, baute er eine Mauer, die hoch und unüberwindbar war. Aus einem nichtigen Grund bekamen die beiden Brüder einen furchtbaren Streit und der eine forderte den anderen zum Zweikampf heraus. Sie kämpften den ganzen Tag und endlich unterlag der Liebensteiner. Da holte der Sterrenberger aus und versetzte ihm den tödlichen Hieb. Das Fräulein, dessen ganzes Herz dem Liebensteiner gehört hatte, zog sich darauf mit gebrochenem Herzen in das Kloster Bornhofen zurück, um ein gottgefälliges Leben zu führen.

Katz und Maus

Auch die Lagen *St. Goarshauser Burg Katz* und *Burg Maus* haben zur Entstehung ihres Namens eine sagenhafte Erklärung:
Burg Katz über St. Goarshausen hieß eigentlich Burg Neukatzenellenbogen und gehörte den Grafen zu Katzenellenbogen. Der Erzbischof von Trier ließ in Wellmich eine Burg errichten, die er Thurnberg nannte. Da soll der Graf von Katzenellenbogen gedroht haben, wenn seine Burg Katz genannt werde, dann soll die neue trierische die Maus sein. Seine Worte waren nur leere Drohungen, denn den Bau der Burg konnte er nicht verhindern.

Der Ausdruck *Maus* kommt ursprünglich von *Maut* und meint die Zollstellen am Rhein. Im 14. Jahrhundert gab es zwischen Koblenz und Bingen unzählige kleine Raubritter, die von Händlern und Reisenden Tribut verlangten.

In der *Leutersdorfer Gartenlay* wurde schon seit 1500 Weinbau betrieben. Garten kann hier in der Bedeutung von Gemüsegarten verstanden werden. Das *Lay* im Namen kommt vom Schiefer aus dem der Berg besteht. Eine andere Art der Deutung besagt, daß hier eine mit Buschwerk umhegte Einfriedung vorliegt. Der *Erpeler Ley* wiederum wurde nach dem riesigen Basaltfelsen benannt, auf dem er liegt.

Der *Braubacher Koppelstein* ist erstmals 1258 als *im Koppele* erwähnt. 1425 hat sich die Schreibweise zu *Coppilstein* verändert. Der Name muß im Sinn von Bergkuppe interpretiert werden. Er hat nichts mit der Pferdekoppel oder der Koppel am Gürtelgehänge der mittelalterlichen Landsknechte zu tun.

Die Absetzung König Wenzels im Jahre 1400 von den Kurfürsten zu Oberlahnstein war namensgebend für die Lage *Rhenser König Wenzel*.

In seiner Regierungszeit hatte er den Königsstuhl zu Rhens bauen lassen. Der Sohn und Nachfolger Karls IV. hatte sich als willensschwach und wenig durchsetzungsfähig erwiesen. Auch sprach er dem Wein gerne zu. Die Kurfürsten des Reiches versammelten sich zu Rhens und kamen überein, daß es für das Reich besser wäre, wenn er abdanken würde. Nach langem Hin und Her soll er nachgegeben haben. Allerdings nur unter der Zusage, auch weiterhin mit Baccharacher Wein versorgt zu werden. Eine andere Überlieferung besagt, er habe die Belagerung der Stadt Nürnberg aufgegeben, nachdem er dort mit einem Fäßchen Baccharacher zufriedengestellt worden sei.

Sagenhaftes von Teufeln und Jungfrauen

Auf eine Sage geht angeblich auch der Name *Patersburger Teufelstein* zurück: *Irrtümlich hatte der Teufel beim Bau einer Kirche geholfen; als er endlich den Irrtum bemerkte, schleuderte er einen Felsbrocken gegen die Kirche. Doch der Felsbrocken traf die Kirche nicht.*

Die Lage *Oberweseler Sieben Jungfrauen* wurde nach sieben Felsen im Rhein benannt, die an dieser Stelle zu finden sind. Auch hierzu gibt es natürlich eine Geschichte:
In vergangener Zeit lebten auf der Schönburg sieben reizvolle Schwestern. Eine war schöner als die andere und so hatten sie viele Freier. Doch keiner war ihnen gut genug. An jedem hatten sie etwas auszusetzen. Sie hielten sie hin und trieben so manchen Schabernack mit ihnen. Als sie ein Schiff besteigen wollten, um nach Köln zu fahren – böse Zungen haben behauptet, sie hätten ihr Vermögen durchbringen wollen – sank das Schiff vor den Augen der entsetzten Menge. Die sieben Jungfrauen verwandelten sich auf der Stelle in sieben nackte Felsen.

Und ewig kämmt die Loreley

Um 820 wird der Galgenbach, der gegenüber dem Loreleyfelsen in den

Rhein mündet, als *Antilioli* bezeichnet, dem moselrömischen Ausdruck für einen kleinen Fels. Um 1250 wird der Fels als *Lurenberg* erwähnt, 1689 erscheint er als *Lurley*. Der Name ist aus der Zusammensetzung von *luren*, im Sinne von Ausschau halten, und *lai*, was Felsen bedeutet, entstanden. Seit dem mittelhochdeutschen Dichter Marner erfährt das Motiv der Loreley immer wieder Bearbeitungen. Am bekanntesten dürfte das Loreley-Lied von Heinrich Heine sein, das bei jeder Rheinfahrt kräftig strapaziert wird:

Ich weiß nicht, was soll es bedeuten,
daß ich so traurig bin.
Ein Märchen aus uralten Zeiten,
das kommt mir nicht aus dem Sinn.
Die Luft ist kühl und es dunkelt
und ruhig fließt der Rhein,
Der Gipfel des Berges funkelt
im Abendsonnenschein.
Die schönste Jungfrau sitzet
dort oben wunderbar.
Ihr goldnes Geschmeide blitzet,
sie kämmet ihr goldenes Haar.
Sie kämmt es mit goldenem Kamme
und singt ein Lied dabei,
Das hat eine wundersame
gewaltige Melodei.
Der Schiffer im kleinen Schiffe
ergreift es mit wilden Weh,
Er schaut nicht die Felsenriffe,
er schaut nur hinauf in die Höh.
Ich glaube, die Wellen verschlingen
am Ende Schiffer und Kahn
Und das hat mit ihrem Singen
die Lore-Ley getan.

Im Gebiet der *Oberheimbacher Wahrheit* muß die ehemalige Gerichtsstätte dieser Region angesiedelt gewesen sein.

Aber auch jüngere Lagennamengründungen gibt es. 1971 wurde von Marketingexperten der Name *Rheinbrohler Monte Jup(p)* ausgesucht. Er soll auf ein Jupiterheiligtum aus der Römerzeit hinweisen. In der Gegend um Rheinbrohl wurden in den letzten Jahren etliche Grabungsfunde aus der Römerzeit gemacht. Sicherlich ist es für diese Funde nicht unerheblich, daß hier der Limes, der Verteidigungswall der Römer gegen die Germaneneinfälle, seinen Lauf hatte.

Der *Leutesdorfer Rosenhügel* war wohl ein Ort an dem Wildrosen wuchsen. Genauso kann der Lagenname auch auf eine aufgelassene Begräbnisstätte verweisen. Andere Deutungen bei *Rosen* sind noch die Bezugnahme auf das Bukett und den Duft des Weines oder die mittelhochdeutsche Wurzel *roß*, womit ein hervorspringendes Bergstück gemeint ist.

Der Name *Dausenauer Hasenberg* geht vermutlich auf das häufige Vorkommen von Hasen in dieser Lage zurück. Auch wurde der Hase als uraltes Fruchtbarkeitssymbol mit Wein und der Fruchtbarkeit der Reben in Verbindung gebracht.

Der *Bopparder Mandelstein* wurde 1649 erstmals erwähnt. Der Name steht

St. Goarshausen mit Blick auf die Burg Katz

für den ursprünglichen Bewuchs der Lage mit Föhren, die mittelhochdeutsch mit *mandel* bezeichnet wurden.

Die Bezeichnung *Oberweseler Ölberg* kommt vom mundartlichen *elsbers*. Der Name kann sowohl von Erlen als auch von anderen Pflanzen, die so genannt wurden, herrühren. In Oberwesel gibt es auch flüssigen Schmuck, den *Oberweseler Bernstein*. 1416 ist die Lage erstmals mit *Berhelde* erwähnt. Der Name geht auf die am Hang wachsenden Beeren zurück und hat nichts mit dem an der Ostsee zu findenden Bernstein zu tun.

Aus diesem Ort wird die nachfolgende Geschichte erzählt:

Ende des 13. Jahrhunderts lebte in Oberwesel ein frommer Knabe. Er half seinem Vater bei der Weinbergsarbeit und tat auch noch sonst viele gute Dinge. Eines Tages wird er von bösen Menschen getötet, die seine Leiche in den Rhein werfen. Doch welch ein Wunder: Statt den Rhein hinunterzutreiben, schwimmt der tote Körper stromaufwärts bis nach Baccharach. Schon bald entstand ein volkstümlicher Kult um den angeblichen Heiligen, die Baccharacher bauten über seinem Grab eine Kirche. Von der Kirche wurde er nie offiziell als Heiliger anerkannt. In der Volksfrömmigkeit der Region wurde der heilige Werner aber zum Weinheiligen, dessen Fürsprache man für ein gutes Weinjahr erbitten mußte.

Die Lage *Baccharacher Insel Heylesen Werth* liegt vor Baccharach im Rhein. Sie ist nach ihrem ersten Besitzer Hans Heylesen benannt, der 1593 vom Pfalzgrafen bei Rhein bestätigt wurde. Mit dem *Filsener Pfarrgarten* ist sie die einzige flache Lage am Mittelrhein.

Der *Baccharacher Posten* ist erstmals 1408 erwähnt als *zu posten.* Die Grundbedeutung von Posten ist *Hervorstehendes*, was hier auf einen Wachposten oder einen Felsvorsprung bezogen werden kann. In der Nähe dieser Lage steht der Postenturm, ein Turm der Stadtbefestigung, in der die Wachkompanie der Stadt untergebracht war.

Baccharach, die Weinstadt

Baccharach entwickelte sich im Verlauf des Mittelalters zum bedeutendsten Weinmarkt am Mittelrhein. Hier deckten sich die Kölner Kaufleute mit Wein ein, um damit mit England und den skandinavischen Ländern Handel zu treiben. Nicht nur die in Baccharach gewachsenen Weine wurden als Baccharacher verkauft, sondern alle Weine vom Oberlauf des Rheines und von der Nahe. Aus dieser Zeit ist folgender Spruch überliefert:

Zu Baccharach am Rhein, zu Klingenberg am Main und zu Würzburg am Stein sind die besten Wein.

Einer der ersten Pfalzgrafen war Konrad von Hohenstaufen, ein Halbbruder Friedrich Barbarossas. Er residierte auf Burg Stahleck über Baccharach. Sein einziges Kind, Agnes, verliebte sich ausgerechnet in einen der Todfeinde ihres Hauses: Heinrich den Jüngeren von Braunschweig, Sohn des Welfenherzogs Heinrich des Löwen. An eine Hochzeit war natürlich nicht zu denken. Pfalzgraf Konrad verbot Agnes jeden Kontakt zu Heinrich und sperrte sie schließlich sogar in die Inselfestung Pfalzgrafenstein vor Kaub. Zum Glück konnte sie auf ihre Mutter zählen. Nachdem Konrad eines Tages zur Jagd in den Hunsrück aufgebrochen war, ließ sich die Pfalzgräfin auf die verbotene Rheininsel hinüberrudern. Einen Priester und den jungen Welfenherzog hatte sie gleich mitgebracht. Bei Nacht und Nebel wurde die Trauung vollzogen. Der überrumpelte Brautvater soll bei seiner Rückkehr zwar fürchterlich getobt haben, mußte aber schließlich doch nachgeben. Damit war der jahrzehntelange Streit zwischen Staufern und Welfen beigelegt. Herzog Heinrich soll zur Erinnerung daran das *Kloster Fürstental* bei Baccharach gestiftet haben. Die gleichnamige Weinlage erinnert noch heute daran.

Der *Bopparder Fässerlay* wird 1216 erstmals unter dem Namen *vesse* erwähnt; 1593 ändert er sich zu *feizersley.* Ursprünglich war dieses Land königliches Fiskalland, das heißt alle Einnahmen aus diesem Land standen nur dem König zu. Die alte Schreibweise dieses Boppardер Namens war *Fesserlay*.

Der *St. Goarer Frohwingert* hieß noch im 15. Jahrhundert *zu Frone wingarten*. Die hier gelegenen Weinberge waren mit Frondienst belastet oder gehörten zu einem Fronhof. Es war in ihnen also eher kein frohes Schaffen, wie die heutige Namensdeutung vermuten läßt.

Der *Kauber Roßstein* ist eine der vielen Umdeutungen, die die Lagennamen durch die Jahrhunderte erfahren haben. Auf dem Roßstein gegenüber der Stadt *rösteten* (bleichten) die Oberweseler Bürger Flachs und Leintücher. Heute erinnert ein in den Fels gehauener Pferdekopf an den Lagennamen und seine Fehldeutung in der Romantik.

Kein Roß in Kaub...

Ebenso romantisch ist die folgende Überlieferung aus Kaub:
Elslein, die Tochter des Geschützgießmeisters, hatte sich in den Gesellen ihres Vaters verliebt. Empört verwies der Vater die Tochter des Hauses und wenig später versuchte der Geselle, ihren Spuren zu folgen. In das von feindlichen Truppen belagerte Kaub kehrte er ohne Erfolg zurück. Todesmutig half er den Verteidigern, denn ohne sein Elslein wollte er nicht mehr leben. Erst die Silvesternacht brachte Rettung. Es eilten verbündete Truppen zum Entsatz herbei. Ein junger Soldat führte sie auf den richtigen Weg. Und als alle die glückliche Rettung feierten, gab er sich zu erkennen. Es war das Elslein von Kaub. Überglücklich schloß der Vater sie in die Arme und gestattete ihr, den Mann ihres Herzen zu heiraten.

Ein Weinspruch aus Koblenz beendet dieses Kapitel mittelrheinischer Weinkultur und symbolisiert die Trinkfreude, die der Wein auslösen kann und trotzdem natürlich nicht bei jedem Genuß Anwendung finden soll.
Mihi est positum in taberna mori; vinum sit oppositum morientes ori, ut dicant, quum venerit angelorum chori: Deus sit propitius huic potatori!
(Mich soll einst der Tod in der Schenke finden; den Becher soll man mir noch an die Lippen halten, wenn ich sterbe, daß die Engelchöre, wenn sie mich holen, für mich flehen: Gnade Gott diesem Zecher.)

Imponierend wie die Landschaft, imposant wie die Burgen und Schlösser, die rechts und links den Rhein säumen und verlockend wie die Loreley – so scheint für den Fremden manchmal die Vielfalt der Weine des Mittelrheins. In seiner Weinbautradition und -kultur reicht der Mittelrhein den Stab von den Römern über die mittelalterlichen Klöster zu den fleißigen Winzern früherer und heutiger Tage. Der Mittelrhein ist eine Gegend in der Tradition und Moderne auf friedliche Art miteinander vereint sind.

Mosel-Saar-Ruwer

Die Berghänge an der Mosel, wie hier bei Graach, werden fast überall als Weinberge genutzt

Die Mosel und ihre Nebenflüsse Saar und Ruwer, zählen zu den schönsten Weinlandschaften Deutschlands. Von Perl am Dreiländereck fließt die Mosel bis zu ihrer Mündung bei Koblenz in den Rhein. Seit 2000 Jahren ist der Wein hier das Herz und die Seele dieser Region. Sie ist mit knapp 13 000 Hektar das viertgrößte Weinanbaugebiet Deutschlands.

Seinen Weltruf für delikate Weißweine verdankt es den steilen, südwärts gerichteten Hängen, den Schieferböden und dem Riesling. Diese Verbindung bringt elegante, rassige Weine hervor. Sie sind säurebetont und bei einem Alkoholgehalt von etwa 10 Prozent leicht und bekömmlich.

Der Ursprung der Lagennamen reicht an der Mosel zum Teil bis in vorrömische Zeiten zurück. Namensgebend sind zum einen die natürlichen Gegebenheiten, zum anderen heidnisch – mythologische oder christliche Bezeichnungen. Lagennamen geben Hinweise auf die ehemaligen Bewirtschaftungsarten und Besitzverhältnisse, auch werden historische Bezüge durch sie überliefert.

Die Namensursprünge sind heute vielfach nicht mehr zu erkennen. Die germanische Lautverschiebung, eine fehlerhafte Wiedergabe in den Aufzeichnungen der Mönche und das falsche Abschreiben der Urkunden haben die Namen abgeschliffen und umgeformt. Eine Besonderheit stellen an der Mosel die Wurzeln der Lagennamen im Keltischen dar. Auch findet sich in ihnen und ihren Sprachstämmen die wechselvolle Geschichte der Mosel mit ihren unterschiedlichen Besatzern wieder.

Der Blick auf den Ürziger Würzgarten

Kelten, Römer und die Natur als Namensgeber

Bei Naturnamen standen primär die natürlichen Gegebenheiten Pate, sie waren auch für Analphabeten allgemein verständlich und brauchten keine Erklärung. So ist an der Mosel die Verbindung des Lagennamens mit *Berg* oder *Garten* häufig, wie man in den Lagennamen *Bremmer Kahlenberg* oder *Enkircher Neuberg* sehen kann. Es geht zurück bis ins 10. Jahrhundert, als der Weinbau an der Mosel auf die Ebenen und Hanglagen beschränkt war, erst danach setzt sich der Terrassenanbau allgemein durch.

Der Lagenname *Gülser Bienengarten* verweist auf diese Tradition. In solch einer geschützten Lage pflegte man früher die Bienenkörbe aufzustellen, um sie vor den Unbilden der Natur zu bewahren.

Häufig wird auch der Begriff *Halde* verwendet, der sich in Namen wie *Hold*, *Hölle* oder *Höhle* niederschlägt und zum Beispiel in der *Reiler Funkelshölle* überliefert wurde. Zu diesem Bereich zählt auch der Begriff *Steinrutze*, der im Lagennamen *Kenner Ritsch* etabliert wird und einen steilen Felshang bezeichnet. Auch die Form des Berges, an dem die Reben gepflanzt sind, kann für die Lagen namensgebend sein. Der lateinische Begriff *Cupa*, der für das Trinkhorn steht, findet sich in *Kupp* und *Kopf* wieder (*Ayler Kupp*). *Calmont* steht für einen kahlen Berg, der dann aufgerebt und zum Weinbau genutzt wurde.

Trittenheimer Altar und Bismarcks „Otto“

Das *Trittenheimer Altärchen* leitet seinen Namen von der Form des Hanges ab, der von weitem an einen Altar erinnert. Über die Wirkung dieses bekannten Weines ist folgende Anekdote überliefert:
Als Fürst Bismarck einst zu einem Diplomatenempfang an Neujahr eingeladen war, war die Frau eines Vertreters der kleineren deutschen Fürstentümer seine Tischdame. Die sehr geschwätzige und wenig zurückhaltende Dame versuchte mit allen Mitteln den Reichskanzler aus seiner bekannten Korrektheit zu locken. Zuerst verlief auch alles noch in bester Form. Das Essen mundete vorzüglich, der Wein – ein Trittenheimer Altärchen – lockerte die Zungen. Die Dame redete Bismarck zunächst mit „Exzellenz“ an. Er trank auf ihr Wohl. Nicht lange, da war sie schon bei der Anrede „Herr von Bismarck“ angelangt. Nach einer weiteren halben Stunde und noch etwas mehr Wein, wurde sie ein wenig vertraulich und sagte: „Mein lieber Bismarck.“ Das ging dem Fürsten, der bei bester Laune war, allerdings dann doch zu weit. Er stand auf, verneigte sich tief vor seiner Tischdame und sagte lächelnd: „Mein Vorname ist übrigens Otto!“

Die Bezeichnung *Treiber Greth* ist vermutlich abgeleitet aus dem altfränkischen *gret*, womit eine kleine Stufe bezeichnet wurde. Nach einer Deutung mündet hier der Gräthbach in die Mosel, was der Lage ihren Namen gab. Auch für den *Eller Kapplay* gibt es mehrere Versionen. Der Name könnte vom französischen *chapelot,* also *Rosenkranz,* hergeleitet oder eine moselfränkische Verballhornung von *Kapelle* sein. Wenn man das *Eller Engelströpfchen* trinkt, haben keine himmlischen Heerscharen ihre Hand im Spiel gehabt. Der Ursprung des Namens ist wiederum keltisch und bedeutet unprosaisch *Wein vom großen Hügel.*

Bacchus' Bock und der Mönche nacktes Hinterteil

In *Gaißberg* oder *Geisberg (Ockfen)* steckt sprachwissenschaftlich die keltische Bedeutung *caid*, was sich mit Anhöhe übersetzen läßt. Der Name wurde allerdings häufig nicht auf seinen sprachgeschichtlichen Ursprung zurückgeführt, sondern mit Geißbock übersetzt. Der Bock ist ein dem Rebengott Bacchus zugeordnetes Fruchtbarkeitssymbol, der als Bocksopfer vor der Lese dem Gott dargebracht wurde. Der römische Winzer wollte hiermit Sühne leisten für den Frevel, den er mit dem Schneiden der Reben und dem Keltern der Trauben an den dem Gott heiligen Pflanzen vornahm.

Zu den Naturnamen zählen auch jene, die die Beschaffenheit der Böden wiedergeben. Hier sci der *Lay*, ein moselfränkischer Begriff für Schieferfels wie in *Graacher Kirchlay*, besonders hervorgehoben.

Auch der *Kröver Nacktarsch* geht als Lagenname auf die Beschaffenheit der geographischen Umgebung zurück. Die Lagebezeichnung *Nacktarsch* ist in Kröv selbst bis ins 17. Jahrhundert zurückzuverfolgen. Sie wurde über Kröv hinaus bekannt, als ein Winzer begann, während des 1. Weltkrieges seinen Wein an Düsseldorfer Weinhändler zu verkaufen. Über den Ursprung des Namens gibt es verschiedene Deutungen:
Eine Version besagt, daß das Kloster Wolf dort eine felsige Lage besessen habe, die erst gerodet und mit Reben bepflanzt wurde, als auf allen anderen in der Umgebung schon Weinberge angelegt waren. Als die erste Ernte eingefahren wurde, riefen die Patres voll Begeisterung: „Wer hätte bei dem nackigen Arsch gedacht, daß er so reichen und guten Wein hervorbringen würde."

Die zweite Erklärung ist eine eher volkstümliche Erzählung über die Herkunft des Namens, die durch ein Etikett überliefert wurde. *Ein paar Lausbuben sollen es den Erwachsenen nachgetan und im Keller eine Weinprobe veranstaltet haben. Als der Küfer erschien, habe er einen der Jungen beim Schopfe gepackt und ihm den blanken Hintern versohlt.*

Dieser *Nacktarsch* ist allerdings auch schon in einer – angeblich – mittelalterlichen Sage überliefert: Früher hatten viele große und angesehene Klöster Besitz in Kröv, da der Kröver Wein wegen seiner Qualität sehr begehrt war. Die prächtigen Weinhöfe der Klöster prägten das Ortsbild. Die mächtigen und großen Abteien hatten eine eigene Gerichtsbarkeit und meistens einen eigens bestellten sogenannten Dingvogt. Der sollte darauf achten, daß die Pächter den Weinberg ordnungsgemäß bestellen und im Herbst die Trauben zur rechten Zeit lesen und keltern würden.

Viele Versionen für eine „Geschichte"

Eines dieser Klöster hatte der Sage nach mit den Bauleuten die Vereinbarung getroffen, ihnen als Entgelt für die Zeit der Spanndienste einen Tag freie Lese in den Weinbergen zu ihren Gunsten zu gewähren. Natürlich beeilten sich die Leute an solchen Erntetagen, der ja ganz zu ihren Gunsten war. Dies mißfiel einem Klostervogt schon lange, er sann auf Abhilfe und glaubte einen besonders schlauen Einfall zu haben. Während des Herbstes wurden alle Leser vom Kloster verköstigt, er aber ließ in aller Frühe ein Schwein schlachten und mit kaltem Wasser rasch abkühlen. Fette Metzelsuppe mit reichlich Wellfleisch gab es an diesem Morgen für die Arbeiter zum Frühstück. Die Folgen

Romantische Ruinen, wie hier in Traben-Trabach, finden sich überall an der Mosel

blieben nicht lange aus: Ein Rumoren in den Därmen begann, und bald darauf führte der Genuß des vielen frischen Fleisches zu einem starken Durchfall, so daß die armen Dienstleute ihre Lese ständig unterbrechen mußten.

Einer jedoch ließ sich durch dieses menschliche Rühren nicht aufhalten. Kurzerhand zog er seine Hosen aus, krempelte seinen Kittel hoch und ließ fallen, was nicht aufzuhalten war. Unterdessen las er unbeirrt seine Trauben, Legel um Legel weiter. Als der Klostervogt dieses gewahr wurde, rief er ärgerlich aus: „Über diesen Nacktarsch bin ich doch nicht Herr geworden!“

So soll, der Sage nach, der Lagenname entstanden sein. Seine Herkunft allerdings ist sicherlich weitaus profaner. Er bezieht sich auf den keltischen Ursprung *nuck*, *nack*, was eine felsige, unfruchtbare Anhöhe bedeutet und dem ebenfalls keltischen *aras*, was mit Ort übersetzt werden kann.

Himmel, Hölle, Paradies und *Gott* haben eine recht große Bedeutung bei den Lagennamen. Nur teilweise lassen sie sich auf die Volksfrömmigkeit des Mittelalters zurückführen, meist bezeichnen diese Namen die Lage der Weinberge hoch oben am *Hang* (Hölle) oder am *Berg* (Himmel). Auch beim *Wiltinger*

Gottesfuß gab das Gelände der Lage den Namen. Im Laufe der Zeit schliff sich die Übersetzung von *caid*, was eben Anhöhe oder Hügel bedeutet, in der Verbindung mit *-er* (groß) zu *Gott*. So wächst der Wein nicht mehr *am Fuß des großen Hügels*, sondern eben im Gottesfuß. Was den Unkundigen sicherlich zu manchen Spekulationen hinreißt.

Französisches Gold, Ginstergold, Katzengold…

Die Lagennamen an der Mosel geben auch oft die Farben der Natur *Braun* und *Gold* wieder. Der Eindruck, daß die Verbindung des Namens mit *Gold* vom Farbspiel der Natur herrührt, ist allerdings ein Irrtum. Der Begriff *Gold* ist eine Verballhornung des französischen *Col* und meint im eigentlichen Sinne *Berg*. Allerdings spricht auch einiges dafür, daß sich das *Gold* im *Piesporter Goldtröpfchen* auch auf den ehemaligen Bewuchs des Weinberges mit Ginster beziehen kann. Einige Deutungen verweisen auch darauf, daß es an der Mosel glimmerhaltiges Gestein, sogenanntes *Katzengold,* gegeben hat. Das *Goldtröpfchen* bezieht sich also leider nicht auf die goldene Farbe des Weines im Glas. Der Bezeichnungsanteil *Braun* leitet sich auch nicht von der Farbe ab,

Die Weinberge um Bernkastel-Kues gehören zu den berühmtesten Deutschlands

sondern bedeutet im engeren Sinn *Brunnen (Oberfeller Brauneberg)*.

Auch Begriffe aus der Pflanzen- und Tierwelt werden gern für die Bezeichnung von Lagen verwendet: *Nuß, Mandelgarten, Adler, Hase* und *Fuchs*.

In Monzel schmeicheln die Kätzchen

Die Lage *Monzeler Kätzchen* liegt an einem der Mosel zugewandten Hang. Schon früh im Jahr, wenn die Sonne ihre ersten Strahlen zur Erde sendet, ist es an dieser Stelle warm. Hier blühen im Frühling die ersten Weidenkätzchen als Boten der neuen wärmeren Jahreszeit. Anderseits könnte der Lagenname auch daher rühren, daß Katzen gerne an geschützten Stellen liegen. Sie tanken an warmen kuscheligen Sonnenplätzchen Energie, Kraft und neuen Lebensmut. So wie der Mensch, wenn er ein Glas Moselwein trinkt. Eine profanere Deutung besagt, der Wein sei so samtweich und schmeichele dem Weinliebhaber die Kehle wie ein Kätzchen um die Beine. Da außerdem seine Qualität so gut sei, gebe es am nächsten Tag keinen Kater.

Im Gelände des *Willinger Uhlen*, einer sehr steilen Lage, nisteten früher Eulen, die nächtliche Wanderer mit ihren Rufen erschreckten. Ähnlich wie der Bock, so ist auch der Hase ein dionysisches Fruchtbarkeitssymbol und gab dem *Brauneberger Hasenläufer* seinen Namen. Allerdings erzählt die Überlieferung eine nicht minder lesenswerte Geschichte: Es soll einst vor langer Zeit in einem Moseldorf ein geiziger und reicher Weinbauer gewohnt haben. Seine Dienstleute hielt er lang beim Arbeiten und kurz beim Essen. Mit List versuchte er seine Leute zur Arbeit anzutreiben.

Mythologische Fruchtbarkeit oder volkstümliche Sage?

Seine Weinbergsarbeiter trugen Dünger in den Berg. Das ist gewiß eine harte Arbeit, mit der schwerbeladenen Hotte die Wingerte hineinzustapfen. Sie wird unmenschlich schwer, wenn ein „Herr" jeden Gang hinauf begleitet, der beileibe aber keine Last auf dem Rücken trägt, sondern bloß einen Stock in der Hand, um sich darauf zu stützen. Sonst jedoch schreitet der Herr nur mit, um aufzupassen, daß ein jeder seiner Leute, wenn er seine Last droben ausgeschüttet hat, alsbald wieder umkehrt. Um diesen Abstieg mit der leeren Hotte machte sich der Geizhals am allermeisten Kummer; es ärgerte ihn die verlorene Zeit. Um den Abstieg zu beschleunigen, hatte er eines Morgens einen klugen Gedanken. Kaum haben die Arbeiter die erste Last oben, so ruft er ihnen zu: „Jetzt spielen wir bergab Hase und Hund. Ihr seid die Hunde, ich bin der Hase. Fangt mich, wer mich zuerst hat, bekommt eine Flasche Wein!" Noch ist das letzte Wort nicht gesprochen, so springt er tatsächlich wie ein Hase die Reihen hinab. Die Arbeiter überlegen nicht lange, dann setzen sie ihm nach, und kurz vor dem Misthaufen hascht ihn einer, so wie der Schlauberger es gewollt hat. So schnell waren die Leute noch niemals unten gewesen. Wie er aber darauf wartete, daß nun seine Leute die Hotte neu beladen sollten, merkte er, daß kein einziger sie auf dem Rücken trug. Um ihn fangen zu können, hatten alle ihre Hotten droben abgeworfen und waren leichtfüßig den Berg hinabgesprungen.

Berge von Rosen – wie in Osann

Die *Rose*, die ebenfalls häufig in Lagennamen – wie *Osanner Rosenberg* – Verwendung findet, hat zwei verschiedene Ursprünge. Zum einen die keltische Wurzel *ross* oder *rost* mit ihrer Verkleinerungsform *rosen*, womit eine vorspringende Anhöhe bezeichnet wird. Zum anderen die Rose, die neben Efeu und Reben zum dionysischen Mysterium gehört und dem Weingott Dionysos (Bacchus) zugeordnet wird. Antike Zecher pflegten sich zu den Bacchanalien mit Rosen zu bekränzen.

Eine weitere Deutung für die Bezeichnung eines Weinberges mit *Rosenberg* kann auch im Bukett und Aroma des Weines liegen, dessen Duft an Rosen erinnert. Auch pflegten die Weinbauern früher Rosen neben die ersten Reben in einer Rebzeile zu pflanzen. Dies sah nicht nur schön aus, sondern hatte auch noch eine praktische Bedeutung. Der Mehltau befällt, bevor er die Reben krank macht, zuerst die Rosen. So konnte der Winzer an seinen Rosen sehen, wann er seine Reben gegen Mehltau schützen mußte.

Auch die Lage der Weinberge am Hang ist namensgebend gewesen: Hochgelegene Plätze werden gerne mit *Himmelreich (Graach)* bezeichnet, die an sonnenexponierter Lage mit *Sonnenuhr (Zeltingen)*.

Lagennamen als Spuren der Kultur

Häufig in einer solch alten Kulturlandschaft, wie dies die Mosel darstellt, kann man beobachten, daß viele Bezeichnungen auch aus der historisch-kulturellen Entwicklung der Region stammen, die sogenannten Kulturnamen. So werden Rodungsnamen wie *Neuwingert* oder *Monteneubel* verwendet. Mit ihnen wurden die Wingerte bezeichnet, die später, meist in höherer Terrassenlage, angelegt wurden. Bei der Interpretation des Namens, wie er zum Beispiel beim *Enkircher Monteneubel* vorkommt, gibt es zwei Varianten, die wohl auch beide zutreffen könnten. Zum einen die lateinische Wurzel *Mons*

Die Monzeler Kirche liegt idyllisch inmitten von Weinbergen

novellus, die im Mittelalter abgeschliffen wurde oder das mittelhochdeutsche *Muntennuval*, was *Berg in der Rodung* bedeutet. Im Gegensatz hierzu steht *Altberg*, mit dem eine bereits bestehende Weinbergsanlage bezeichnet wurde.

Beim *Enkircher Batterieberg* läßt sich die Zeit seiner Anlage genau feststellen. Der Winzer, der ihn anlegte, benutzte bei der Rodung Dynamit, da der felsige Grund schwer zu roden war. In kurzer Zeit hatte sich für die Bezeichnung dieses Weinberges *Batterieberg* eingebürgert.

Der Begriff *Vogelsang* steht weniger für den Gesang der Vögel in den Wingerten, sondern bezeichnet das Brandgeräusch bei der Rodung der Felder. Der Wind und das Geräusch hörten sich auf die Entfernung wie seltsam verzerrtes Vogelgezwitscher an.

In den Lagennamen spiegeln sich auch oft die alten Besitzverhältnisse wider, in erster Linie der Abteien und Klöster, die wir in Namen wie *Herrenberg (Enkirch)* und *Domgarten (Winningen)* wiederfinden. Bis zur napoleonischen Säkularisation 1803 war die Kirche einer der größten Grundbesitzer an der Mosel.

Auch der *Graacher Josephshöfer* war einst im Besitz einer Abtei, der Trierer Abtei St. Martin. Seinen Namen erhielt er allerdings durch den neuen Besitzer Mathias Josef Hayn, der ihn nach der

Säkularisation erwarb. Dieser hatte sich an folgender Sage orientiert:

Nie saß der Trierer Kurhut auf einem weinfröhlicherem Haupte als in jenen zwölf Jahren, da der Kurfürst Johann Philipp von Walderdorff für sich und seine Untertanen das Wort wahr machte, daß unter dem Krummstab gut leben sei. An einem späten Oktobertag in Jahre 1766, da ihn die herbstlichen Wälder ins Jagdschloß nach Wittlich riefen, fuhr Johann Philipp durch das Moseltal. Es waren die Tage der Traubenlese. Eine lange Herbstsonne hatte die Trauben zu einer Reife gebracht, wie sie edler seit Jahrzehnten nicht mehr geerntet worden waren.

Die Zeltinger Sonnenuhr

Die zur Gemeinde gehörenden Weinberge umgeben den Weinort Osann

Der gute Josephshöfer und der Kurfürst Johannes

Im Martinshof, dem großen Weingut der Trierer Abtei St. Martin, der breit und behäbig am Fuße des Graacher Himmelsreiches liegt und heute Josefshof heißt, wurde Mittagsrast gehalten. Der Abt, der zum Fest der Lese von Trier gekommen war, ließ dem Landesherrn das Mahl richten, von besten Weinen gewürzt. Die erste Gesundheit wurde mit dem vorzüglichen Jahrgang 1762 getrunken, der Abt als Gastgeber sprach sie aus. „Auf eine lange, höchst beglückte Regierung des gnädigen Herrn!" Die zweite Gesundheit brachte der Obristmarschall Graf von Wittgenstein dar. „Soviel Tropfen, soviel vergnügliche Lebensjahre!" Da waren sie schon beim köstlichen Gewächs von 1760. Mit dem Jahrgang 1759 kam der Landhofmeister Graf Hugo von Kessler bald nach: „Auf des Vaterlands Wohlfahrt unter der Regierung ihrer Kurfürstlichen Gnaden!" Auf das Wohl der Familie Walderdorff trank der Obristkämmerer Freiherr Franz von Bürresheim mit dem edlen Jahrgang 1751, und der Oberjägermeister Freiherr von Berg war mit dem alten Kabinettwein 1750 an der Reihe zum nächsten Trinkspruch. So ging es durch die ganze Tafelrunde, und nach dem Mahle wollte das Zutrinken des Kurfürsten an seine Tischgenossen kein Ende nehmen. Denn auch damals hatte der Josefshöfer Wein kaum seinesgleichen an der Mosel. Kostbares und immer Kostbareres ließ der Hausherr dem hohen Gast vorsetzen, daß dieser schließlich mit hohen Worten die Schätze des Abtes pries. Als aber noch herrlichere Weine eingeschenkt wurden, konnte der Kurfürst keine Worte mehr finden, um sein Erstaunen und sein Lob auszudrücken. „Bah", sagte da der treuherzige Abt mit hintergründigem Gefunkel seiner Prälatenaugen, „wir haben noch besseren; doch den verwahren wir für unsere guten Freunde."

Diese Anedokte ist in der vorliegenden Form eine Bearbeitung der ursprünglichen Sage aus dem 19. Jahrhundert. Der neue Besitzer des Josefshofes nutzte die an der Mosel populäre Figur des Kurfürsten Johannes, um Werbung für sein Weingut zu machen. So wurde der Trierer Kurfürst vom rheinischen Rokokofürsten zum Werbeträger des 19. Jahrhunderts.

Ein Universalgenie als Namenspatron

Nicht nur die kirchlichen Herren sind in den Lagennamen verewigt, auch die weltliche Herrschaft wird durch diese in Lagen wie *Herren-* oder *Königsberg* (Klüsserrath) überliefert.

Die Volksfrömmigkeit des Mittelalters findet sich noch heute in der Tradition wieder, Weinberge mit Heiligennamen zu benennen. Der *Kueser Kardinalberg* hat als Namenspatron Nikolaus Cusanas, einen der berühmtesten Humanisten seiner Zeit. Er wurde 1401 als Sohn von Johann Cryffts, einem reichen Moselschiffer, geboren. Nach dem Ende seines Studiums nahm er, den Traditionen der Humanisten folgend, den Namen seiner Heimatgemeinde an. Er machte innerhalb der katholischen Kirche und für seine Zeit eine erstaunliche Karriere. Als Diplomat in päpstlichen Diensten nimmt er an vielen wichtigen Konzilen teil, wird 1449 zum Kardinal ernannt und 1450 zusätzlich noch zum Bischof von Brixen. Außer auf dem Gebiet der Theologie, besitzt er herausragende Kenntnisse als Mathematiker, Astronom, Philosoph und Geograph. Die erste Landkarte Mitteleuropas soll nach seinem Entwurf gefertigt worden sein. Schon zu seiner Zeit wird er deshalb als Universalgenie bezeichnet. 1464 stirbt er auf dem Weg zur Kreuzzugsflotte in Umbrien. Sein Leib wurde in der Titualkirche St. Peter in Rom beerdigt. Sein Herz jedoch befindet sich, wie er es verfügt hat, in der von ihm gestifteten Spitalskirche in Kues. Mit der Benennung dieser Lage nach dem wohl berühmtesten Sohn der Stadt ehren die Kueselaner sein Andenken.

Auch Personennamen werden für Lagenbezeichnung verwandt, auch wenn dies heute kaum noch im Bewußtsein ist. So steht der *Ürziger Würzgarten* nicht für die im Mittelalter beliebten *Kräutergärten*, sondern für den ehemaligen Erbpächter Godefrius Filius Th. Wurzegard.

Von Reisenden und anderen Touristen

Die historische Besiedelung durch die Römer schlägt sich in Namen wie *Römerberg* oder *Römerquelle* nieder. Der Name der Lage *Rioler Römerberg* soll an den Bataveraufstand erinnern. Im Jahre 70 nach Christus habe sich hier Valentius mit seinen Treverern vor den Römern versteckt gehalten. Auch der Platz der Schlacht, bei der die Treverer vernichtend geschlagen worden waren und von den Römern unterjocht wurden, soll sich ganz in der Nähe befinden.

Ein früher Tourist wurde in der Lage *Alkener Hunnenstein* verewigt. Der Legende nach soll der Hunnenkönig Etzel auf der Jagd mit seinen Mannen hier gelagert haben. Dies zu der Zeit, als er bei den Burgundern am Wormser Hof weilte. Es ist eher anzunehmen, daß *Hunnenstein* von *Hunen* kommt, dem mittelhochdeutschen Wort für Gemeindevorsteher. Ursprünglich gehörte dieser Weinberg wohl dem mittelalterlichen Gemeindevorsteher von Alken.

Einen weiteren Reisenden finden wir im *Lehmener Ausoniusstein* wieder. Diese Lage soll an den antiken Dichter und

Bernkastel-Kues mit seinem berühmten Doctor-Weinberg

Prinzenerzieher Magnus Ausonius erinnern, der im vierten Jahrhundert die Mosel bereiste und in seinem Gedicht *Mosella* so treffend beschrieb.
„Du Strom, dich umtragen weintragende Hügel, wo Bacchus läßt reifen schönduftenden Wein, und grünende Ufer umrahmen dich."

Auch historische Ereignisse oder Gebäude werden so überliefert. Ein auf der Höhe von Winningen lagerndes Basaltvorkommen lieferte die Steine zum Bau der Balduinsbrücke in Koblenz. Sie wurden durch die heutige Lage *Brückstück* ins Tal gebracht und auf Schiffen weiter befördert. Die zu ihrer Zeit größte Brücke wurde vom Erzbischof und Kurfürst Balduin von Trier gebaut. Die Winninger waren – da sie die Steine zum Bau der Brücke geliefert hatten – vom Brückenzoll auf Mensch und Tier befreit worden.

Eine Besonderheit bei der Namensgebung bildet der *Bernkasteler Doctor*. 1736 wurde dieser Name erstmals urkundlich in den Akten der Familie von der Leyen erwähnt. Der ursprüngliche Besitzer war der Churfürstlich geistliche Rat und Doctor der Rechte Heinrich Linden. Er vertrat die geistlichen Stände Kurtriers gegenüber dem Kurfürsten. Um sich eines hartnäckigen Gegners zu entledigen, ließ der Kurfürst den Doctor verhaften und auf Ehrenbreitstein inhaftieren. Nach dessen Tod führten die Erben einen Prozeß gegen den Kurfürsten, in dem sie auf Entschädigung drängten.

Die Weinberge gelangten in den Besitz der Familie von der Leyen. Nach dem Prozeß wurde der Weinberg, der bis zu diesem Zeitpunkt als *Weissenstein* bekannt war, mit *Docto*r bezeichnet. Es ist noch nicht geklärt, ob die Bezeichnung *Doctor* zuerst vom Kurfürst oder von den Klägern gebraucht wurde.

Der Doctorberg im Laufe seiner Geschichte

Gegen Ende des 19. Jahrhunderts wurden deutsche Weißweine in England beliebt und erreichten einen hohen Marktanteil, *Moselle* wird zum eingeführten Markennamen und der *Bernkasteler Doctor* findet einen festen Absatzmarkt. Die Entstehung der Doctorensage allerdings geht auf das 18. Jahrhundert zurück, in der ersten Hälfte des 19. Jahrhunderts finden sich Hinweise auf ihre Existenz.

1837 veröffentlicht Christian von Stramberg die nur mündlich überlieferte Sage. Das Moselbuch 1840 teilt historische Einzelheiten über die Doctorsage mit: Erzbischof Boemond II. soll von seinem Nachfolger Kuno von Falkenstein 1367 20 Fuder Wein erhalten haben, da Boemund vorzeitig von seinem Amt zurückgetreten sein soll. Den Kern der Sage bildet also das Weingeschenk. In einer Variation dieser Sage

Steil ansteigende Weinberge sind für diese Region charakteristisch

heißt es, daß der Weinberg seinen Namen davon habe, daß der Kurfürst von Trier Boemund durch das geistige Öl dieses Weinberges von einem hartnäckigen kalten Fieber geheilt wurde.

Erzbischof Boemund und die Sage vom Doctorwein

Kommerzienrat Julius Wegeler nutzte die bestehende Überlieferung über den *Doctor* als Teil seiner Markenstrategie für das Weingut Deinhard. Die sogenannte *Sage vom Doctorenwein* wurde von der damals populären Schriftstellerin Luise Schulze-Brück im Stil der Jahrhundertwende geschrieben. So hat die Sage ihre literarische Form erst im Laufe des 20. Jahrhunderts gefunden:

„Schwer erkrankt lag Erzbischof Boemund II. von Trier in seinem Bergschloß über Bernkastel danieder. Viele Ärzte nahen dem Schmerzenslager des alten Herren, keiner aber konnte ihm Rettung bringen. Unglaubliche Mengen von Teetränklein und bitteren Medizinen hatte Boemund schon zu sich genommen; es war vergebens. Da ließ er bekanntmachen, wer das leidige Fieber zu bannen vermöge, der solle kommen und ihm helfen. Einer hohen Belohnung werde er sicher sein.

In der selben Zeit lebte auf seiner Burg im Hunsrück Gerhard, Vogt von Hunolstein (1359 - 1372), ein hochbetagter Rittersmann. Der Schnee des Alters bedeckte nun sein Haupt und tiefe Furchen durchzogen seine wetterharte Stirn; doch seine Glieder waren noch kräftig. Ungebeugt straffte sich sein Nacken, und zu dem weißen Barte, der das Gesicht umrahmte, standen die jugendlich geröteten Wangen in wonnigem Gegensatz. Wenn dieser Ritter in den alten Knochen sich einmal schwach fühlte oder wenn ihm der Schüttelfrost am kalten Dezemberabend den Körper durchzitterte, half ihm stets nur ein Trunk feurigen Bernkasteler Weines, den er selbst gezogen hatte. Jeweilig nahm er dann davon einen kräftigen Schluck aus vollem Humpen, kein jämmerliches Schlücklein nur.

Als der Ritter von Boemunds Siechtum hörte, säumte er nicht, mit dem oft erprobten und stets bewährten Mittel zu helfen. Er machte sich auf den Weg zu dem geplagten Kranken und nahm ein Fäßchen des besten alten Weines mit. Boemund erschrak nicht wenig, jetzt sogar ein ganzes Faß voll bitterer Arznei genießen zu müssen. Der Ritter aber hob das rundliche Gefäß von der Schulter, schlug den Kranen ein, löste den Spund und füllte den Becher mit klarem, goldenem Naß, dessen würzereicher Duft das ganze Zimmer durchströmte.

Da schwanden die Sorgen des kranken Herrn. Er richtete sich auf aus seinen Kissen, nahm die Labe entgegen und leerte den Becher bis auf den Grund.

Der andere schalt unterdessen weidlich auf die Quacksalberei der Doctoren und ließ sie sämtlich zum Kuckuck jagen. Die neue Heilkur schlug beim Kranken an; er genas wahrhaftig, und dankerfüllt sagte er zu seinem ritterlichen Freund und Helfer: „Mein lieber Herr von Hunolstein, dein gesundheitsspendendes Traubenblut ist der beste Doctor; darum sollen Wein und Berg den Namen „Doctor" führen für alle Zeiten!"

Die Form, mit der die Sage verbreitet wurde, gab ihr den Charakter des Authentischen.

Milde ältere Damen aus Tränen oder Widerstand

Den Namen *Juffer*, eine moselfränkische Umschreibung einer bejahrten Jungfrau, trägt eine Weinlage in Brauneberg, die früher im Besitz eines Nonnenklosters war. In diesem Kloster soll sich zwölf Jahre lang die Herzogin von Montmercy verborgen gehalten haben. Ihr Mann war nach einem mißlungenen Aufstand gegen Richelieu 1632 in Toulouse enthauptet worden. Die Tränen, die sie um den geliebten Gatten vergoß, sollen die Erde des Weinberges getränkt und ihm so zu seinem Bukett verholfen haben. Die einzige Jungfrau, die – so der Volksmund – mit zunehmendem Alter milder und süßer wird und den Herren den Abend verschönt. Allerdings gibt es über die Entstehung des Lagenamens *Brauneberger Juffer* auch einen zweiten Erklärungsversuch: *Nach den napoleonischen Kriegen hatte der Kammerherr Wunderlich, einer der größten Grundbesitzer der Stadt, drei heiratsfähige Töchter. Er wollte seinen Weinbergsbesitz noch vermehren und suchte für seine Töchter, drei stattliche, reiche, wenn auch häßliche Männer aus. Die Mädchen widersetzten sich dem Wunsch des Vaters und wollten nicht heiraten. Sie starben hochbetagt als alte Jungfern. Den Wein aus der Weinlage, die nach ihnen benannt ist, tranken sie lieber alleine, als ihn zu teilen.*

Üblicherweise nimmt man jedoch an, daß das Wort *Juffer* als Hinweis auf die ehemalige Zugehörigkeit der Lage zu einem Nonnenkloster verstanden werden soll.

So spiegelt sich in den Weinlagennamen der Mosel ihre zweitausendjährige Weinbaukultur wider. Sie überliefern uns Informationen über die Beschaffenheit des Weinberges und die Güte seines Weines. Zusätzlich geben sie uns interessantes Material zu Geschichte und Geschichten einer Region preis, die zu den besten Weinanbaugebieten Europas zählt. Keltische, römische, germanische und französische Bezeichnungen haben ihre Spuren hinterlassen und erzählen zusammen mit neueren Deutungen dem, der sie zu deuten weiß, die lebendige Geschichte dieser Landschaft und ihrer Menschen.

Nahe

Die Weinberge der Nahe erstrecken sich eng an die Hänge des Hunsrück geschmiegt

Fast versteckt zwischen seinen beiden Nachbarn Mosel und Rhein gelegen, findet sich das Weinbaugebiet der Nahe. Es verbirgt Reize, die nur darauf warten, entdeckt zu werden. Die Weinbergzone folgt, eng an die Hänge des Hunsrücks geschmiegt, dem Verlauf der Nahe von Bingerbrück bis Kirn. Südlich dehnt es sich entlang der Nebenflüsse Alsenz und Glan aus. Mit seinen etwa 4600 Hektar Rebfläche zählt das Weinanbaugebiet der Nahe zu den mittleren Anbaugebieten Deutschlands.

Es wird angenommen, daß auch hier die Römer die Urväter des Weinbaus waren, da bei Bad Kreuznach römische Weingefäße und Werkzeuge gefunden wurden. Die erste Erwähnung von Weinbergen an der Nahe finden sich in Form einer Urkunde des Klosters Lorsch.

Die Klöster verbreiteten und bewahrten die Kenntnisse über Weinbau. Sie verquickten ihre wirtschaftlichen Interessen mit der liturgischen Tradition. Reiche Adlige suchten ihr Gewissen zu besänftigen, indem sie den Klöstern

Schenkungen vermachten, um sich einen Platz im Himmel zu erkaufen. Während des Mittelalters wurden die Rebflächen von Adel und Kirche bis auf fast 3 000 Hektar ausgeweitet. Der Wein wurde unter dem Namen des Weinmarktes, auf dem er gehandelt wurde, bekannt. Nahewein war in dieser Zeit als *Kreuznacher* oder *Baccharacher* im Handel. Die Verwüstungen, denen der deutsche Südwesten durch den Dreißigjährigen Krieg und den Pfälzischen Erbfolgekrieg sowie den Revolutionswirren ausgesetzt war, gingen auch an der Nahe nicht spurlos vorbei. Der Weinbau ging fast um die Hälfte zurück. Im 19. Jahrhundert ging man wieder daran, Flächen aufzureben. 20 Jahre vor Friedrich Raiffeisen, der der bäuerlichen Selbsthilfe im 19. Jahrhundert eine feste Gestalt gab, gründete sich an der Nahe ein genossenschaftlicher Winzerverband, der *Weinbauproduzentenverein des preußischen Oberrheins* von 1847. Dieser löste sich allerdings nach wenigen Jahren wieder auf. Erst 1898 konnte sich der genossenschaftliche Weinbau an der Nahe durchsetzen.

Paradies und Pittermännchen

Mit dem Namen *Kreuznacher Paradies* wollte der Besitzer seinen Stolz über die

Die geschwungenen Weinbergshänge prägen das Landschaftsbild der Nahe-Region

Güte der Lage ausdrücken, ein solcher Name kennzeichnet in der Regel Flurstücke besonders guter Qualität.

Die *Kreuznacher Katzenhölle* hingegen markiert eine karge Flur. Mit *Katze* wird meist ein mageres Flurstück bezeichnet, das wenig Ertrag bringt. *Hölle* wiederum ist der Ausdruck für Halde oder einen steilen Hang, was ein Zeichen für eine gute Besonnung sein kann. Die Katze in *Katzenhölle* kann allerdings auch auf die ersten Weidekätzchen verweisen, die hier blühen, da an diesem sonnigen Ort der Frühling eher im Jahr Einzug hält als in den anderen Lagen.

Auch das *Dorsheimer Pittermännchen* ist ein Ausdruck der Wertschätzung. Vermutlich geht er auf eine Münze, den *Petter*, zurück. Sie wurde im Volksmund auch *Pittermännchen* genannt. 32 Pittermännchen ergaben einen Gulden. Der Weinberg wird seinem Besitzer einen guten Gewinn erbracht haben.

Der *Binger Römerberg* hat seinen Namen von der Schlacht der Römer gegen die Treverer, die 71 nach Christus hier stattgefunden haben soll.

Mit dem *Schweppenhäuser Steyerberg* ist ein steiles Stück Land bezeichnet. Die Lage umfaßt den früheren Bereich des 1504 verwüsteten Ortes Steyer.

Der *Windesheimer Saukopf* ist eine alte Geländebezeichnung. Der Lagenname bezeichnet die alte Schweineweide der Gemeinde.

Saukopf, Mollenbrunnen, Krötenpfuhl schmecken besser, als sie klingen

Der *Kreuznacher Tilgesbrunnen* war ursprünglich eine der heiligen Ottilie geweihte Quelle. Angeblich soll das Wasser heilkräftige Wirkung gehabt haben. Mit dem *Kreuznacher Mollenbrunnen* ist eine heiße Quelle gemeint, in der früher Molche lebten. Molche werden umgangssprachlich als *Molle* oder *Molleköpp* bezeichnet.

Der *Kreuznacher Krötenpfuhl* ist 1532 zum ersten Mal urkundlich erwähnt. Früher war in dieser Gewanne vermutlich eine Lehmgrube gewesen. Die Grube füllte sich mit Wasser, und Kröten sowie Frösche siedelten sich an.

Mit dem *Rümmelsheimer Rothenberg* ist eine Lagebezeichnung gewählt, die den Hinweis auf die Bodenbeschaffenheit geben kann. Möglicherweise ist der Boden von eisenoxydhaltiger Qualität. Auf der anderen Seite kann dieser Name auch dafür stehen, daß diese Lage im 18. Jahrhundert gerodet wurde. Dies war die Zeit, als die Weinberge aus der Ebene in die Hanglage verlegt wurden.

Im Namen *Dorsheimer Goldloch* lebt die Erinnerung an reiche Bodenschätze im

Nahetal weiter. Wahrscheinlich wurde hier früher Gold abgebaut, zumindest gab es goldführendes Gestein. Der Abbau wurde begonnen, ist aber wegen der geringen Ausbeute bald eingestellt worden. Mit *Goldloch* kann der wieder zugeschüttete Stollen gemeint sein. Der Volksmund sagt außerdem: *Der gute Wein aus dieser Lage bringt eine Menge Gold (Geld) ein.*

Neben Brunnen, Quellen oder der Bodenbeschaffenheit liefern oft auch Hütten, der Anbau von bestimmten Pflanzen oder die Tierhaltung die Vorlagen für Lagennamen. Das *Wallhäuser Backöfchen* gibt zum Beispiel einen Hinweis auf einen – in früherer Zeit – dort befindlichen Feldbrandofen für Ziegelsteine.

Der *Guldentaler Rosenteich* gibt Auskunft darüber, daß hier einmal der Flachs der Gemeinde gelagert wurde. Die Flachsstengel sind äußerst hart und nicht einfach zu spinnen. Man muß ihn erst längere Zeit unter Wasser lagern, bis er leicht zu faulen anfängt. Dann sind die Leinfäden spinnbar.

Das *Windesheimer Schäfchen* deutet, wie so viele andere Lagennamen, auf die Nutzung der Flur vor Anlage der Weinberge hin. Hier ist es die ehemalige Schafweide der Gemeinde Windesheim gewesen. Die *Guldentaler Hipperich* war die ehemalige Ziegenweide der Gemeinde Guldental. *Hippe* ist ein altes Wort für Ziege.

Mit der *Ebernburger Schwarzen Katze* ist eine Sage verbunden:
Vor langer Zeit durften sich die Küfer, wenn sie für die Weinbergsbesitzer arbeiteten, aus dem Trester ihren eigenen Wein, Haustrunk genannt, bereiten. Natürlich war dieser Wein von minderer Qualität und so kam ein gewitzter Küfergeselle auf die Idee, seinen schlechten Wein gegen den guten des Gutsherrn auszutauschen und zapfte heimlich dessen Faß an. Der Betrug wurde jedoch bald entdeckt. Also mußte der Dieb gefaßt werden. Zu diesem Zweck ließ der Winzer eine schwarze Katze in den Keller, die es sich auf dem warmen, gärenden Faß gemütlich machte, unerklärlich für jeden nicht Eingeweihten.

Schwarze Katzen sind gefährlich

Als der Küfer sich heimlich in den Keller schlich, um seinen gewohnten Streich zu spielen, schreckte er in der Dunkelheit die Katze auf, die ein Riesenspektakel machte. Worauf man ihn auf frischer Tat ertappte und ins Gefängnis warf. Nach seiner Freilassung konnte er aber nicht von seiner Gewohnheit lassen und wurde wieder auf die gleiche Weise gefaßt. Diesmal mußte er mit seinem Leben dafür bezahlen. Er wurde enthauptet und zur Schau gestellt. Die schwarze Katze blieb noch lange wachsam und wurde zum Symbol für reinen unverfälschten Wein.

Um die versteckten Reize der Nahe zu finden, muß man sich Zeit nehmen

Burgen, Schlösser, Heilige und viele Geschichten

Die Lage *Münsterer Königsschloß* ist 1560 erstmals erwähnt. Mit *König* kann auch ein hochgelegenes Grundstück gemeint sein. *Schloß* kann auch einen Bergvorsprung bezeichnen. Diese Deutungsversuche stimmen mit der Geländeform überein. Ein Schloß – gar das eines Königs – kann nicht nachgewiesen werden.

Einst hatten sich in einer Burg hoch über der Nahe der Rheingraf und seine Kumpane zum Feste getroffen. Hochwohlgeborene Herrn waren es vom Rhein, von der Pfalz, von der Mosel und der Nahe. Rauhbeine, die beim Wein und aus Weinübermut um Weinberge, Weinhöfe, Weindörfer würfelten und wetteten, sich zankten und schlugen, sich zerstritten und vertrugen. Gut gelaunt zechten die Herren, ein jeder übertrieb mehr als der andere, wieviel Wein er doch vertrüge. Auf einmal erblickte der Burgherr einen Stulpenstiefel, der unnütz in der Ecke stand. den hatte der Kurier des Kurfürsten zu Köln nach einer durchzechten Nacht vergessen. Mit einladender Geste auf ihn verweisend, rief er herausfordernd in den Saal: „Wer ihn mit einem Zuge wird leeren, dem soll das Dorf Hüffelsheim gehören!" Lachend goß er den Stiefel voll bis zum Rand. Die Herren schauten sich an. Gar ungeheuer schien ihnen der Inhalt des Ledergefäßes. Da sprach der Herr Boos von Waldeck mit Donnerkrach in der Stimme: „Mir her mit dem Schlückchen!" Sprang auf, ergriff mit beiden Händen beherzt das ungewöhnliche Trinkgefäß und trank es bis zum letzten Schluck leer. Atemlose Stille herrschte im Saal. Doch statt sich satt und matt getrunken zu haben, ergriff der Herr von Waldeck das Wort, er fühle sich Manns genug für einen zweiten Turniergang: „Herr Rheingraf, ließ der Kurier nicht auch seinen anderen Stiefel hier? Ich mir in einer zweiten Wette auch Roxheim noch gerne verdient hätte."

In einem Kloster bei Münster ereignete sich einst folgende Begebenheit, wie die Sage erzählt:
Das Kloster Münster kam in den Besitz derer von Nassau-Weilburg. Die benutzten die Gebäude als Sommerresidenz. Als die Gräfin einmal im ehemaligen Kloster weilte, erkrankte ihr Gemahl zu Kirchheimbolanden. Immer schlimmere

Die Wingerte dehnen sich oft bis an die Ortsränder aus

Nachrichten brachten die Kuriere zu ihrer Herrin. Die Gräfin geriet ganz aus dem Häuschen und schloß sich auf ihrem Zimmer ein. Sie drohte der Dienerschaft, jeden, der ihr den Tod des Gatten melden würde, selbst dem Tod zu überantworten. Bald traf die gefürchtete Nachricht ein. Keiner traute sich, dies der Gräfin zu sagen. Man überlegte hin und her, wie man ihr die Nachricht beibringen könnte, ohne daß einer von der Dienerschaft sein Leben verlieren müsse. Da kam der alte Hofnarr auf einen guten Gedanken, er ging zu seiner Herrin und sagte zu ihr: „Dein Alter ist gemarixelt worr." Dies stand nicht unter Todesstrafe, doch die Herrin wußte nun Bescheid.

Der *Guldentaler Honigberg* ist die größte Lage im gesamten Nahegebiet. Der Name verweist auf eine frühere Bienenweide, auf der die Guldentaler einmal ihre Bienenstöcke stehen hatten.

Der Name *Waldlaubesheimer Altenburg* belegt eine keltische Fliehburg. Ein Steinwall ist noch vorhanden. Ausgrabungen haben keltische Relikte zu Tage befördert.

Bingerbrücker Hildegardisbrünnchen wurde zur Erinnerung an das Hildegardisbrünnchen des Klosters Rupertsberg gewählt. *Die Sage erzählt, daß Hildegard über die Tatsache geweint habe, daß man trotz allen Grabens im Kloster kein Wasser gefunden habe, sondern dies mühsam aus der Nahe schöpfen mußte. Dort, wo die Tränen der Heiligen Hildegard zur Erde fielen, sei eine sprudelnde Quelle entstanden.*

Hildegard von Bingen

Die Heilige Hildegard maß dem Standort des Weines eine besondere Bedeutung zu. Sie unterschied den Wein danach, ob er in der Ebene oder an Berghängen angebaut werde. Sie äußerte die Ansicht, der Wein von den Berghängen sei wertvoller, für Kranke jedoch weniger geeignet, als der von der Ebene. *Der fränkische und starke Wein läßt das Blut gleichsam aufwallen, und deshalb muß man ihn beim Trinken mit Wasser mischen, aber daß der hunnische Wein mit Wasser vermischt werde, ist nicht notwendig, da er von Natur wässrig ist.*

Bei der *Guldentaler Teufelsküche* liegt sumpfiges Gelände vor. Vor der Trockenlegung und der Weinberganlage stiegen hier Nebelschwaden empor. Wohl sind hier auch Irrlichter gesehen worden, die nachts den unachtsamen Wanderer in den Sumpf lockten. So könnte das Sprichwort *in Teufelsküche geraten* für diesen Lagennamen Pate gestanden haben. Eine Sage erzählt hierzu, daß hier einst eine Familie spät in der Nacht mit der Kutsche unterwegs gewesen war:
Der Bauer wußte plötzlich den Weg nicht mehr, da überall alles voller Nebel

war. So sehr er sich auch anstrengte, er konnte den Weg nicht mehr finden. Da tauchte ein seltsam tanzendes, bläuliches Licht vor ihm auf. Das wird wohl ein nächtlicher Wanderer mit einer Laterne in der Hand sein, dachte er. Da kann ich wohl Auskunft über den richtigen Weg erhalten. Das Fuhrwerk hielt auf das Licht zu, das plötzlich verschwand. Der Bauer fuhr mit seiner Familie ins Verderben, da er direkt auf den Sumpf zugefahren war.

Eine andere Erklärung ist, daß die gute Erwärmbarkeit des Weinbergbodens in dem Lagennamen zum Ausdruck kommen könnte.

Hinkelstein und „Hiedcher"

Der Lagenname *Kreuznacher Hinkelstein* ist 1612 zum ersten Mal erwähnt. Der Name deutet auf einen Monolithen, der hier gestanden haben muß, hin. Die Monolithen wurden im Volksmund *Hünenstein* genannt, was sich zu Hinkelstein abgeschliffen haben könnte. Hünensteine kennzeichneten die Gräber keltischer Edelmänner oder Stammesfürsten. Der Stein ist heute nicht mehr vorhanden.

„Do hocke se unn honn die Hiedcher uff!" so pflegt man in Kreuznach zu demjenigen zu sagen, der eine Aufgabe stellt, die nie zu lösen ist. Wie kommen die Kreuznacher zu diesem Ausspruch? *Zur Zeit der Französischen Revolution sollte der Metzger Groß von Kreuznach für die französische Armee in den Ortschaften Vieh beschaffen. Heiß war der Tag und umsonst der Gang. Die Bauern hatten schon hergegeben, mehr als es gut war. Doch der Befehl des Rates, der eigentlich ein Befehl der Franzosen war, er mußte ausgeführt werden. Wie aber? Wo doch nichts ist, da kann doch auch nichts geholt werden! So kam der Metzger am Abend todmüde und ratlos zum Bürgermeisteramt. Dort saß der ganze Rat versammelt. Der Metzger berichtete von seinem Metzgergang, doch die Herren schnitten ihm die Rede ab, und einer rief: „Was kann das alles helfen? Die Ochsen müssen herbei!" Das hätte man dem Metzger nicht sagen sollen. Er ärgerte sich über die Herren, die da vor ihm saßen, im kühlen Zimmer mit den bei den Sitzungen vorgeschriebenen Hüten auf ihrem Kopf. Er kam so in Wut, daß er sich selbst nicht mehr kannte, zeigte auf die Ratsherren und schrie ihnen ins Gesicht: „Do hocke die Ochse unn honn die Hiedcher uff!"*

Um die versteckten Reize der Nahe zu finden, muß man sich Zeit nehmen. Sie ist keine Landschaft, die sich dem Fremden schnell erschließt. Doch wenn man auf der Naheweinstraße diese Gegend erkundet und bei so manchem Schoppen Nahewein über den Namen einer Lage rätselt, wird man erkennen, daß im Wein die Seele der Landschaft enthalten ist.

Pfalz

Schon Bismarck schmeckte der Pfälzer Wein – besonders die Lage Forster Ungeheuer sagte ihm zu

An Rheinhessen anschließend erstreckt sich dieses Weinanbaugebiet auf einer Länge von 80 Kilometern bis zur französischen Grenze. Die Landschaft der Pfalz vereinigt viele Superlative auf sich. Sie soll Deutschlands wärmstes, sonnigstes, ertragreichstes und am intensivsten genutztes Weinanbaugebiet sein. Ein nahezu geschlossenes Rebenmeer erstreckt sich zwischen Pfälzer Wald bis tief in die Rheinebene hinein. Mit knapp 22700 Hektar bildet sie das zweitgrößte Weinanbaugebiet Deutschlands. Sie ist klimatisch besonders begünstigt, da sie im Wind- und Regenschatten des Pfälzer Waldes liegt. Neben Reben gedeihen hier auch noch Feigen, Mandeln und Zitronen.

Die Ursprünge des Weinbaus in der Pfalz gehen auf die Kelten zurück, die schon den Weinbau kannten. Tacitus schreibt: *Die am Rhein wohnen, handeln mit Wein*. Die Rebe fand ihren Weg von Frankreich aus, die Rhône entlang, durch die burgundische Pforte nach Basel. Von dort aus dem Rhein folgend über Speyer und Neustadt an die Haardt. 58 vor Christus erobern Cäsars Legionen die linksrheinischen Gebiete, 100 nach Christus ist Germanien befriedet und der Weinbau wird intensiviert. Schon zu dieser Zeit wird der Wein in zwei Qualitätsgruppen eingeteilt, in hunnischen Wein, der von schlechter Qualität sei und in fränkischen, der bessere Qualitäten habe.

843 sicherte sich Ludwig der Deutsche bei der Aufteilung des Reiches nach dem Tode Karls des Großen dieses Gebiet. Er wollte seine Weinversorgung gewährleistet wissen. Zu dieser Zeit trug die Pfalz den Beinamen *Weinkeller des Heiligen Römischen Reiches Deutscher Nation*. Im ausgehenden Mittelalter ging die Rebfläche in der Pfalz zurück. Die allgemeine Klimaverschlechterung im ausgehenden 16. Jahrhundert und die Vernichtung der Weinberge und -dörfer durch die Wirren der Kriege, die in Südwestdeutschland tobten, dezimierten die Zahl der Weinberge beträchtlich. Auch die Einfuhr billigen Weines aus Frankreich und Italien, der allgemeine Wandel des Geschmacks von sauer zu süß im 17. Jahrhundert und die Verbilligung der Bierherstellung führten zum Rückgang der Rebfläche.

Im Zuge der Französischen Revolution wurde das alte Recht abgelöst. Erst der Code Napoléon machte Qualitätswein-

Die Kropsburg thront, wie viele Pfälzer Burgen, über einem Meer von Weinbergen

bau möglich. Die Versteigerung enteigneter Güter führt zur Entwicklung vernünftiger Betriebsgrößen. Um sich schließlich aus der Absatzkrise der 30er Jahre unseres Jahrhunderts zu befreien, wurde die Deutsche Weinstraße *erfunden*. Der Weinverkauf befand sich in einem Abwärtstrend, den man durch diese Vermarktungsstrategie zu beheben hoffte.

Hügel und Berge, gute und schlechte Lagen

Das *Diedesfelder Paradies* bezeichnet einen Weingarten mit schlechter Bonität. Der Spottname kann von den benachbarten Ortschaften gewählt worden sein. Möglicherweise steht der Name auch im Zusammenhang mit der Kapelle auf dem nahen Wetterkreuzberg.

Der Name *Deidesheimer Paradiesgarten* geht auf den Inhaber des Weingutes Dr. Deinhard zurück. Er veranlaßte Anfang der 50er Jahre die Umbenennung des ursprünglichen Lagennamens von *Waldberg* in *Paradiesgarten*. Wie auch beim *Forster Mariengarten* ließ er eine Sandsteinstatue aufstellen, die eine unbekleidete Eva darstellte.

Eine Anekdote erzählt hierzu folgendes: *Da stand sie nun, die Eva nackt wie Gott sie geschaffen hatte in ihrem Paradies. Soviel sündige Nacktheit war dem hochwürdigen Herrn Pfarrer ein Dorn im Auge. Er sah Anstand und Moral durch die Statue in den Weinbergen gefährdet. Um des lieben Friedens willen wurde ein Kunstschmied damit beauftragt, Eva zwei Rebenranken anzupassen, um die allzu anzüglichen Partien ihres Körpers zu verdecken. Doch kaum stand Eva nun bekleidet in den Weinbergen, da gab es ein großes Gewitter. Der Blitz schlug in die Rebenranken ein, Eva ließ ihre eisernen Hüllen fallen und steht noch heute so in ihrem Paradies.*

Der *Schweigener Sonnenberg* soll durch seinen Namen die Güte der Lage ausdrücken. Die Sonne im Namen drückt die besonders günstige Lage dieses Weinberges aus.

Saumagen, Eselshaut und Fuchsmantel – viel Getier mit „gutem Geschmack"

Der Name *Bad Dürkheimer Hochbenn* stammt von dem mittelhochdeutschen *biunde* ab, welches ein freies, dem besonderen Anbau vorbehaltenes Grundstück kennzeichnet. Diese Weinlage soll dem Dichter Gottfried Benn das Leben gerettet haben. Er wurde während des Dritten Reiches angezeigt, daß er auf Grund seines Namens jüdischer Abstammung sein müsse. In einem Berliner Lokal sah er zufällig eine Flasche *Bad Dürkheimer Hochbenn*. Sofort wandte er sich an die Stadtverwaltung Bad Dürkheim, die dem bedrängten

Dichter Auskunft über den Ursprung des Namens geben konnte.

Die Benennung für den *Kallstadter Saumagen* ist zwischen 1810 und 1836 entstanden. Sie geht von seiner sackförmigen Parzellengestalt aus, die an das Pfälzer Nationalgericht erinnert. Im 19. Jahrhundert wurde auch der Sonntagshut umgangssprachlich so genannt. Auch für den *Billigheimer Venusbuckel* kann man davon ausgehen, daß die Landschaftsform namensgebend war. Er ist eine metaphorische Beschreibung der Bergform. Es läßt sich kein Hinweis auf ein ehemaliges Venusheiligtum finden.

Den *Ruppertsberger Reiterpfad* kann man vielleicht durch das lateinische Lehnwort *rutarius* (Angehöriger einer Rotte) herleiten. Es kann gleichermaßen einen Heerpfad bezeichnen. Es wird erzählt, daß dieser Weg von den Fuhrleuten als Schleichweg genommen wurde, um den Zollgebühren von Deidesheim zu entgehen.

Die Lage *St. Martiner Baron* kann auf das Geschlecht der Dalberger zurückgehen, zu deren Ländereien St. Martin einst gehörte. Diese Deutung ist nach heutigem Stand allerdings eher unwahrscheinlich. Im Pfälzischen wurde ein Lagerplatz für Getreide oder Heu mit *Bam* oder *Baran* bezeichnet. Der Lagename könnte auf solch einen Platz zurückzuführen sein.

In der Gemarkung *Ungsteiner Bettelhaus* stand das Armenhospiz der Gemeinde Ungstein. Durchziehende Arme und Kranke mußten in diesem Haus übernachten und durften nicht weiter auf Ungsteiner Gebiet.

Mit *Härtling* werden harte Früchte wie beispielsweise ein Apfel oder Pfirsich bezeichnet, auch unreife Trauben. Der *Leinsweiler Herrlich* könnte also eine frostempfindliche Lage bezeichnen oder die Verkleinerungsform für das mittelhochdeutsche *har* (Flachs) darstellen. Nicht sehr wahrscheinlich ist die Ableitung von *Herr* und *ing*, was die Zugehörigkeit zu einem Herrengut bedeuten würde.

Beim *Bad Dürkheimer Fuchsmantel* sagen sich Fuchs und Hase nicht gute Nacht. Es ist noch nicht einmal sicher, daß es hier mehr Füchse gibt als anderswo. Der Lagenname leitet sich vom mittelhochdeutschen *vorst* (Wald) und *mantel* (Kiefer) ab. Er wurde wohl mundartlich zu Fuchs umgedeutet.

Die *Mußbacher Eselshaut* könnte als Spottname für ein Flurstück geringer Größe stehen. Gleichfalls könnte eine ehemalige Eselsweide damit gemeint sein. Zugleich könnte der Wein, der dort angepflanzt gewesen ist, so schlecht gewesen sein, daß der Weinberg wieder zur Eselsweide wurde. Wahrscheinlicher ist, daß der Weinberg vor seiner Anlage das Flurstück der Gemeinde ge-

Die Lage Schwarzes Kreuz in Freinsheim erinnert an eine alte Sage

wesen war, dessen Heuernte vor allem für die Esel bestimmt war.

Im Namen des *Weisenheimer Hahnen* versteckt sich nicht der stolze Gockel, vielmehr deutet der Name auf ein umhegtes Gelände hin.

Die Geschichte erzählt, daß der Name *Ungsteiner Honigsäckel* von einem Besitzer namens Honig abstammen soll. Diese Geschichte wurde erfunden und von Generation zu Generation weitererzählt. Die geschützte Lage dieses Flurstückes wurde zum Aufstellen der Bienenkörbe benützt.

Die Lage *Gotramsteiner Königsgarten* gibt einen Hinweis auf ein ehemaliges Königsgut im Queichtal. Hier soll sich der *sagenhafte* König Dagobert aufgehalten haben, der bei den armen Bauern hoch angesehen war.

Kein Schall und Rauch, sondern guter Wein

Die Lage *Bad Dürkheimer Annaberg* ist erstmals 1545 als Ziegelhütte der Grafen von Leiningen erwähnt. Sie wurde jedoch im Dreißigjährigen Krieg zerstört. Um 1683 wurde sie wieder aufgebaut und 1790 dem Pächter der Ziegelhütte auch der Ausschank von Wein gestattet. Im Jahr 1870 erwarb Louis Fitz das Gelände und die dazugehörenden Weinberge und gab der Lage den Namen seiner Frau Anna. Die Lage ist nicht nach der heiligen Anna benannt.

Der Name des *Wachenheimer Belz* stammt von einem ehemaligen Besitzer Belz. Das Gelände kann auch ursprünglich von dichtem, pelzartigem Unterholz bewachsen gewesen sein. Mit „*belz*" wird auch heute noch im Pfälzischen unbebautes Grasland bezeichnet.

Für Wachenheim ist folgende Geschichte, der Weinwettstreit, überliefert: *Die Sage erzählt von einem Abt aus Limburg, der gleichzeitig trinkfest und klug und mit einem Wirt aus Wachheim gewettet hatte, daß er ihn unter den Tisch trinken könne. Würde der Abt gewinnen, so müsse der Wirt umsonst im Weinberg des Abtes arbeiten und seinen Weinberg dem Kloster Limburg stiften. Gewinne der Wirt, hätte er seinen Weinberg zehntfrei. Die beiden begann zu trinken. Ungeheure Mengen Wein verschwanden in ihren Schlündern, ein Humpen wurde nach dem anderen gebracht. Als der Morgen schon graute, fiel der Abt um und sackte unter den Tisch. Der Wirt leerte seinen Krug aus und wankte zwar betrunken, doch um einen Wingert reicher, nach Hause.*

Ellerstadter Dickkopf: möglicherweise war der Besitzer dieses Wingerts ein echter Dickkopf und der Spottname

Die Bezeichnung Wachenheimer Gerümpel leitet sich von einem Familiennamen ab

wurde zur offiziellen Lagenbezeichnung. Ursprünglich gehörte er einem Hermichin Kopp.

Von Gerümpel, Ungeheuern und Zechpetern…

Der Lagenname *Venninger Doktor* erinnert an den aus Venningen stammenden und in Heidelberg lebenden kurpfälzischen Kanzler Florentius, Freiherr von Venningen.

Der Name *Wachenheimer Gerümpel* ist schon um 1499 erwähnt. Philipp von Bechtolsheim trat den Weinberg an seinen Vetter Grympel ab. Der heute gebräuchliche Name ist die verkürzte Namensform. Möglicherweise hatte auch die Bodenbeschaffenheit – in dieser Lage gibt es überwiegend krümeligen Lehm – auf den Namen Einfluß.

Beim *Forster Ungeheuer* war sicherlich der Personenname prägend. In Deidesheim lebte im 17. Jahrhundert ein Stadtschreiber mit dem Namen Ungeheuer, der 1699 gestorben ist. Es gibt etliche Grabplatten mit dem Namen Ungeheuer in den Kirchen der Umgebung. Der Name muß im 17. Jahrhundert ein in Forst und Mußbach gebräuchlicher Name gewesen sein. Fürst Otto von Bismarck schätzte diesen Wein sehr. *Dieses Ungeheuer schmeckt mir ungeheuer* soll er – bei einer Verkostung Forster Weine – gesagt haben.

Bestimmt ging in Flemmlingen mancher Peter bezecht ins Bett, vielleicht auch durch dieses Flurstück. Wahrscheinlich geht der Name *Flemmlinger Zechpeter* auf die Verkürzung eines Personennamens zurück.

Der Name *Lachen-Speyerdorfer Kroatenpfad* geht auf den Dreißigjährigen Krieg zurück. Tilly setzte, um den widerspenstigen Pfälzern Herr zu werden, die für ihre Grausamkeit bekannten Kroaten ein. Es ist bis heute nicht bekannt, ob in dieser Lage ein von den Kroaten verwüstetes Dorf stand.

Kriege, Klöster und Kirchen…

Während des Bauernkrieges wurde die Burg des Leiniger Grafen von einer Bauernrotte belagert. Die Gräfin Eva von Leinigen bewahrte ihre Stammburg jedoch davor, gebrandschatzt zu werden. Statt sich hinter den Mauern zu verbarrikadieren, ließ sie die Rotte der Bauern in den Burghof ein und brachte ihnen Speis und Trank. Sie konnten soviel essen und trinken, wie sie nur wollten. Später ließ die betrunkene Schar sich problemlos aus dem Burghof entfernen und in den Kerker führen. So hat List und Verstand einer schönen Frau über die Gewalt der Männer gesiegt.

Der Name *Bad Dürkheimer Abtsfronhof* bezieht sich auf den alten Fronhof des

Klosters Limburg. Nach der Säkularisierung kaufte die Familie Fitz das Gelände. Legendäres Familienmitglied war der *rote Fitz*, der rothaarige Johann Fitz, der die Sache der Winzer auf dem Hambacher Fest vertrat. Er trug die berühmte schwarze Winzerfahne, auf der *die Weinbauern müssen trauern* stand. Auch das Winzerlied, das beim Zug auf das Hambacher Schloß gesungen wurde, stammt von ihm: *Die Winzer ziehen mit schwarzer Trauerfahne zum deutschen Feste heut. Zu reißen die Regierung aus dem Wahne, wir seien reiche Leut.*

Namensgebend für die Lage *Bockenheimer Heiligenkirche* ist die Wallfahrtskirche St. Peter, das älteste Gotteshaus in der Umgebung.

Der Name *Königsbacher Idig* geht auf ein ehemaliges Feldkreuz zurück und ist die verkürzte Form von Jesus Domini.

Das *Freinsheimer Schwarze Kreuz* ist ein unheilabwehrendes Kreuz aus der Zeit um 1430. Es steht am Weg zwischen Ungstein und Freinsheim.
Früher, erzählt der Volksmund, habe es hier gespukt. Jeder, der des Nachts am schwarzen Kreuz vorbeiging, wurde gewarnt, sich nicht umzudrehen. Sonst würde sich das Drückmännchen auf seine Schultern setzen und sich bis zur Baumgrenze tragen lassen. Auf dem Weg dorthin wird es schwerer und schwerer und drückt den Unfolgsamen nieder.

Feuermännchen und Meerspinnen, die Pfalz hat Phantasie...

Gimmeldinger Meerspinne: vielleicht ist dieser Name ein Kompositum aus dem mittelhochdeutschen *mer* für Wasserloch und *wünne* für Weideland. In unmittelbarer Nähe liegen weitere Flurnamen, die auf feuchtes Gelände schließen lassen. Eine andere ältere Version des Lagennamens erklärt ihn folgendermaßen: In dieser Lage mußte mehrspännig gefahren werden, da diese Lage so extrem steil, tief eingeschnitten und schlecht befahrbar war.

Beim *Wollmesheimer Mütterle* steht keine Großmutter Pate. Der Name steht für den amtlich bestellten Waagemeister, der hier mit *Mütter* bezeichnet wird. Möglicherweise war das Flurstück zum Unterhalt des Waagemeisters bestimmt.

Das *Neuleininger Feuermännchen* ist Teil einer Benennungstradition: In der Pfalz werden verrufene Orte oder Irrlichter *Feuermännchen* genannt.

Der Lagenname *Altdorfer Hochgericht* hat eine eher unangenehme Begebenheit zur Grundlage. Hier fand 1787 das letzte Hochgericht statt. Wegen Vatermordes wurden die beiden *Roten Buben* aus Gommersheim angeklagt und hingerichtet.

Die Wandermusiker aus der Westpfalz, *die Mackenbacher,* pflegten auf dem Hügel vor der Stadt Freinsheim zu musizieren. In den arbeitsarmen Monaten des Jahres – von Oktober bis März – zwang sie ihre wirtschaftliche Not, sich auf Wanderschaft zu begeben. Sie spielten auf Volksfesten, in Gastwirtschaften und auf Paraden. Sicherlich haben sie dabei auch Wein vom *Freinsheimer Musikantenbuckel* genossen. Die Mackenbacher zogen durch die Städte, musizierten vor den Häusern und in den Höfen. Die Menschen warfen ihnen aus den Fenstern den Lohn für ihre Musik zu. Die *Mackenbacher kommen* war in dieser Zeit ein gern gehörter Ruf in den Wintermonaten. Auf ihren Reisen gelangten die Mackenbacher bis in die USA und nach Südamerika.

Noch ein Wort zum Pfälzer Schoppen. In der Pfalz wird der Wein auf den Weinfesten und in den vielen kleinen Weinstuben der Region im Schoppen ausgeschenkt. Ein Glas, das einen halben Liter faßt. Dem Fremden erscheint die Menge ungeheuerlich und es ist immer ein Grund, sich mit auswärtigen Gästen einen Spaß zu erlauben. So sagte einst der Wirt einer Pfälzer Weinstube zu einer Dame aus dem Rheinland, die sich den Wein im Achtel bestellt hatte, sie solle warten, bis sie Durst habe und sich dann einen Schoppen bestellen! In diesem Sinne – zum Wohl – die Pfalz.

Die Lage Kallstadter Saumagen hat ihren Namen von der sackförmigen Parzellengestalt, die an das pfälzische Nationalgericht erinnert

Rheingau

Der Erbacher Siegelberg ist typisch für die Rheingauer Weinberge

Zwischen dem Mündungsgebiet des Mains in Hochheim und Lorch liegt auf einer Strecke von 30 Kilometern der Rheingau, das Herzstück des deutschen Weinbaus. Nur hier, auf dieser kurzen Strecke, verändert der Rhein seine Hauptrichtung Nord in eine Ost-West-Richtung.

Hier sind die Bedingungen für Weinbau ideal. Klima, Böden und die geschützte Lage am Südabfall des Taunus bilden die idealen Voraussetzungen für edle fruchtige Rieslinge. Die Hänge bekommen an schönen Tagen die volle Südstrahlung der Sonnenwärme. Zudem reflektiert von der Wasserfläche des Rheines. Unter den deutschen Weinanbaugebieten zählt der Rheingau zu den kleineren, seine etwa 3000 Hektar Rebfläche sind jedoch auf wenige Kilometer zusammengedrängt, so ist der Rheingau sicherlich das geschlossenste Gebiet in Deutschland.

Wahrscheinlich brachten schon die Römer den Weinbau in den Rheingau, berühmt und großgemacht haben ihn aber erst die Klöster, besonders Johannisberg und Eberbach.

Den Anstoß zum Anpflanzen von Weinreben soll Karl der Große gegeben haben. Er habe in seiner Pfalz bei Ingelheim gesessen und zur gegenüberliegenden Uferseite geblickt. Er sah, daß auf dieser Seite der Schnee viel schneller schmolz als auf der Ingelheimer Seite.

So ließ er Orléans-Reben aus Frankreich bringen und im Rheingau anpflanzen.

Kloster Eberbach prägte hier den Weinbau. Die Begriffe Arrondierung, Selektion der Rebbestände, eine vorbildliche Kellerwirtschaft und erstmals der Gebrauch des Kabinettweines gehen auf Eberbach zurück. Zum Ende des ancien régime setzt Kloster Johannisberg nochmals Akzente, die die Entwicklung des Weinbaus bis in unsere Tage leiten sollten. Eine weitere Besonderheit des Rheingaues war, daß seine Bürger freie Bürger waren und keine leibeigenen Bauern, da der Rheingau Königsland gewesen war.

Was die Vermarktung der Rheingauer-Weine bis etwa 1800 sehr erleichterte, war die sogenannte Gabelung. Sie sicherte dem Faßwein den Absatz am Markt. Das beste Faß Wein mußte dabei mit dem geringsten, das zweitbeste mit dem zweituntersten usw. verkauft werden. Nur so ließ sich die Ernte zu einem akzeptablen Preis losschlagen.

Kein Widerspruch: Seligmacher und Höllenberg

Man mag beim *Lorcher Seligmacher* an Rheingauer Weinseligkeit denken, der Ursprung ist prosaischer. Er kommt von *sele*, was Salweide bedeutet und *macher,* vom Lateinischen *maceria,* also Mauer. Ursprünglich war das Gelände wohl mit Weiden bestanden, bevor es aufgerebt wurde.

Die Lage *Martinsthaler Rödchen* geht auf das Nonnenkloster *rode* zurück. Es wurde auf frisch gerodetem Gelände angelegt. Schon 1163 siedelten die Nonnen nach Tiefenthal über, das Dorf wurde aufgelassen. Bis 1804 blieb die Kirche von Rode erhalten, da sie die Wallfahrtskirche der Region war.

Der *Aßmannshauser Höllenberg* wurde erstmals 1339 als *an der heldin* erwähnt. Der Name weckt Assoziationen an ein besonders feuriges Gewächs. Seit 1470 wird hier Spätburgunder angebaut. Sprachgeschichtlich sind diese und die meisten anderen *Höllen* lediglich *Halden* und haben nichts Teuflisches an sich.

Die Lage *Rauenthaler Baiken* hat von der Biegung des Berges, auf dem sie liegt, ihren Namen. *Baiken* ist die in Jahrhunderten geschliffene Form des althochdeutschen *bougen*, was Biegung bedeutet.

Auch die *Rauenthaler Gehrn* hat einen althochdeutschen Ursprung. Mit *ger* wurde der Wurfspieß bezeichnet. Im übertragenen Sinn ist hier die Geländeform, die an eine Speerspitze erinnert, gemeint.

Die Lage *Lorcher Schloßberg* ist unter der Ruine Nollig gelegen, einer Eckbastion der mittelalterlichen Befestigung von Lorch. In Folge einer Gesteinsschichtung kam der Osthang ins Rutschen, der Volksmund beschreibt den rutschenden Hang folgendermaßen: *Als der Franzmann zog zum Rhein, ging vom Nollig viel Stein.* Hier bei Lorch bläst der Wisperwind, der durch ein Seitental des Rheines zieht und positiven Einfluß auf das Rheingauer Klima nimmt.

Rüdesheimer Berg Schloßberg liegt unterhalb Burg Schloß Ehrenfels, einer 1211 erbauten Zollstation der Mainzer Bischöfe. Die Lage ist extrem steil, man kann sie nur manuell bewirtschaften.

Johannisberg und die Entdeckung der Spätlese

Eine der berühmtesten Lagen des Rheingaus ist *Schloß Johannisberg*. Sie gehört zum ehemaligen Kloster Johannisberg, das im 11. Jahrhundert von Mainzer Benediktinermönchen gegründet wurde.

„Unterbrecht Eure Reise in Rüdesheim und am Kloster Johannisberg, um deren Weinberge und Weine zu prüfen. Letzterer ist der beste, der am Rhein hergestellt wird, er ist unvergleichlich und kostet etwa doppelt so viel, wie der älteste Hochheimer" schrieb Thomas Jefferson an seine Freunde Rutledge und Shippen, in der Zeit, als er amerikanischer Botschafter in Paris war.

Mit *Johannisberg* ist wohl eines der entscheidendsten Ereignisse verknüpft, das für den Weinbau auch noch heute prägend ist: die Entdeckung der Spätlese. Wie ein Versehen klingt heute für uns der Bericht über diese berühmte Weinlese.

Die Erlaubnis zur Lese wurde immer vom Besitzer erteilt, im Falle von Johannisberg war dies der Abt zu Fulda. Wie jedes Jahr wurde ein Kurier losgeschickt, um die Erlaubnis einzuholen. Bis Fulda war es ein Ritt von 7 Tagen, dem Abt wurde die Nachricht gebracht *„die Trauben seien bald reif, das Wetter würde schlechter, und es bestünde die Gefahr, daß die Trauben zu faulen begännen."*

Wir wissen heute nicht mehr warum, doch der Kurier brauchte so lange bis nach Fulda und zurück, daß – als er mit dem Befehl zur Lese zurückkam – der Weinberg voller fauler Trauben hing.

Alle Nachbargüter hatten ihre Ernte schon eingebracht, und man glaubte, dieses Jahr keinen Wein ins Faß legen zu können. Die Trauben wurden trotzdem gelesen und in den Keller gebracht, abgepreßt und ins Faß gelegt. Im Februar 1776, als der junge Wein verkostet wird, sind alle überrascht. Er zeigt eine würzige Süße, ohne zuvor mit Most versetzt worden zu sein. So war die Spätlese gefunden worden. Man begann nun zu experimentieren, zögerte den Lesezeit-

Johannisberg im Winter

punkt immer weiter hinaus, solange wie mit und ohne Edelfäule ein natursüßer Wein erwartet werden durfte. Es dauerte allerdings noch bis 1858 bis der erste Eiswein gelesen wurde. Bis zur Säkularisation wurde der Anbau von Riesling in den Lagen von Johannisberg zur Pflicht, gleichzeitig begann man im Weingut alle Weine, nicht nur die teuren *Cabinet-Weine* in Flaschen abzufüllen. 1816 kommt Schloß Johannisberg in die Hände der Familie Metternich.

Die Lage *Rüdesheimer Klosterlay* liegt unterhalb des von Hildegard von Bingen gegründeten Benediktinerinnen-Klosters, von dem sie ihren Namen hat. *Lay* bezieht sich wieder auf die Bodenqualität, der Weinberg ist auf felsigem Untergrund angelegt.

Der *Geisenheimer Rothenberg* wird wegen seiner eisenoxydhaltigen Farbe so genannt. In früherer Zeit soll hier eine Mühle gestanden haben, die durch kriegerische Einwirkungen zerstört worden ist. Auf dem Berg steht heute ein Wingertkreuz, das folgende Inschrift trägt: *Nach alten Sagen trieb einst der Wind eine Mühle, wo jetzt die Reben sind.*

Auch der *Rauenthaler Rothenberg* hat seinen Namen von seiner roten Farbe, bei ihm schillert der Boden allerdings eher violett, was durch den Phylitschiefer hervorgerufen wird. Der Rotwein, der in dieser Lage wächst, wurde in der Antike seiner Farbe wegen *vinum rubeum* genannt, da er an Brombeeren erinnerte. Vielleicht hat die Farbe des Weines zur Namensgebung beigetragen.

Quellen und rote Berge

Der *Erbacher Marcobrunnen* ist schon vor 1200 als der *markenbrunne* bekannt. Der Name erklärt sich wie folgt: Mit *marke* bezeichnete man im Mittelalter die Grenze verschiedener Herrschaftsgebiete. Der Brunnen markiert also die Grenze zwischen Hattenheim und Erbach. Als ihn Erbacher um 1810 mit einer klassizistischen Umrandung schmückten, gaben sie ihm die Inschrift in feierlicher Antiqua: *Marcobrunnen Gemarkung Erbach.* Die hierüber erbosten Hattenheimer meißelten darauf in ihre Seite: *So ist es richtig, so soll es sein: Für Erbach das Wasser, für Hattenheim den Wein.*

Die Deutung des Namens *Kiedricher Wasseros* ist schwierig. Kaum ein Name war so vielen Erklärungsversuchen ausgesetzt wie dieser. In den älteren Versionen spricht man klar von *rinnendem Wasser*. 1610 wird der Lagenname im Zusammenhang mit einer periodisch fließenden Quelle genannt.

Kloster Eberbach

1135 übernehmen die Zisterziensermönche das Kloster Eberbach von den Augustinern, die hier den Weinbau ausbauen und vergrößern. Eberbach wird rasch zum größten und erfolgreichsten weinkulturellen Unternehmen seiner Zeit, die Mönche erhielten Einkünfte aus mehr als 200 Betrieben. Das Kloster selbst ist heute ein Denkmal europäischer Baukunst.

Der Name Zisterzienser geht zurück auf den Stammsitz der Mönche in Citeau bei Dijon. Die Idee der zisterziensischen Ordensregel war geprägt von der Regel des Heiligen Benedikt *ora et labora*. Doch ihrer Meinung nach war es nicht richtig, wenn sich Mönche nur geistig betätigten, die körperliche Arbeit aber den abhängigen Bauern und Handwerkern überließen. Den Mönchen wird durch ihre Ordensregel vorgegeben, daß sie von körperlicher Arbeit, Ackerbau und Viehzucht leben müssen. Die zisterziensischen Klöster waren allesamt landwirtschaftliche Mustergüter. Die Klosteranlagen waren schmucklos und alle nach den gleichen Bauplänen

Der Marcobrunnen zwischen Erbach und Hattenheim

errichtet. Strenge Zucht und harte körperliche Arbeit prägten das Leben der Mönche. Die Ordensregel erscheint uns heute unmenschlich hart. Die Mönche durften selten mehr als 5 Stunden schlafen, das Essen spärlich, die Räume ungeheizt und die Zucht streng. Die einzige Freude, die die Mönche in ihrem Leben hatten, war der Wein, deshalb pflegten und hegten sie ihre Weinberge besonders sorgfältig.

Die berühmteste Lage des Klosters Eberbach ist sicherlich der *Steinberg*. Ursprünglich wohl im Streubesitz, schufen die Mönche bis 1211 durch Kauf und Tausch eine geschlossene Lage. 1766 begannen sie ihn mit einer über 2 500 Meter langen Mauer zu umgeben. Ursprünglich zur Abwehr gegen Traubendiebe gedacht, gaben die Mönche dem Weinberg so eine klimatische Sonderstellung. Er ist wohl nur mit den burgundischen *Clos* zu vergleichen.

Das große Faß von Kloster Eberbach war gegen Ende des 15. Jahrhunderts gezimmert worden und wurde erstmals 1500 gefüllt. Sein Fassungsvermögen mag 70 000 Liter Wein betragen haben. In den Bauernkriegen zwischen 1525 und 1527 wurde dem Kloster Eberbach von den Aufständischen übel mitgespielt. Vor allem sein großes Faß hatte unter den Bauern zu leiden. Sie sollen es zu zwei Dritteln geleert haben. Ein Spottlied aus dem Bauernkrieg überliefert uns die Taten der Bauern. Leider ist nur noch der Anfang erhalten: *Als ich auf der Wacholder saß, da tranken wir aus dem großen Faß: Wie bekam uns das? Als dem Hund das Gras! Der Teufel gesegnet uns das…*

Flora und Fauna in Rheingauer Lagennamen

Auch die Tiere des Rheingaus finden sich in den Lagennamen wieder. Die *Johannisberger Goldatzel* meint den Pirol. Umgangssprachlich wird mit Atzel die Elster bezeichnet, die Goldatzel ist der Pirol. Wahrscheinlich kam der Pirol in dieser Gegend häufig vor und fand Erwähnung als Lagenname.

Der *Oestricher Doosberg* wird 1211 als *dasberg* erwähnt. Der Boden ist hier für Dachsbauten gut geeignet. Umgangssprachlich wurde dann *das* zu *doos* verwandelt.

In die unmittelbar an den Wald angrenzende Lage *Martinsthaler Wildsau* sind früher die Wildschweine eingefallen, um von den süßen Trauben zu fressen.

Der Name *Erbacher Siegelberg* könnte von einem früheren Verkaufsabschluß kommen. In dieser Lage gibt es ein häufiges Vorkommen des *Salomonsiegels,* einer Blume, die mit dem Maiglöckchen verwandt ist. Die Lage könnte nach dieser Blume benannt sein. In alten Urkunden ist der Bäcker *Sigelo* aus Eltville genannt, möglicherweise war er der Namenspatron dieser Lage. Zum guten Schluß könnte der Name, nach einer vierten Version, von einer in dieser Lage angesiedelten Lehmgrube stammen.

Alte und neue Namen

Der *Hattenheimer Engelmannsberg* wurde nach dem Edelknecht *Engilmann* und seiner Frau Elisabeth von Hattenheim benannt. Die beiden hatten 1351 all ihre Güter dem Kloster Eberbach geschenkt – unter anderem auch diesen Weinberg.

Der Name *Hattenheimer Pfaffenberg* könnte von Dydo, genannt *Pfaffe,* abstammen. Er war der Sohn des Nikolaus von Scharfenstein, der in Hattenheim begütert war. Die *Pfaffen,* das heißt die Mönche von Kloster Eberbach, könnten gleichfalls als Paten in Frage kommen. Bis zur Säkularisation 1803 besaßen sie diesen Weinberg.

Der *Wiesbadener Neroberg* hieß ursprünglich *ersberg*, erst in der Romantik wurde er in Neroberg umbenannt. 1750 fand man in der Nähe unter Strauchwerk die Reste einer römischen Villa. Bald machte im Volk die Runde: Dies sei einst das Jagdschloß der Neronen gewesen. Und es ging das Gerücht, Nero läge mit goldener Rüstung dort begraben. Die Mauerreste, die noch zu sehen seien, wären Tiergehege gewesen.

Auch der *Hochheimer Victoriaberg* hat einmal anders geheißen. Queen Victoria soll von einer Krankheit durch den Genuß von Hochheimer Wein genesen sein. Ihre Vorliebe für diesen Wein brachte ihm im Englischen den Spitznamen *Hock* ein. Er wurde bald in England zum Synonym für Rheinwein. Zu Ehren Königin Victorias wurde der Weinberg, als sie zu Besuch in Deutschland weilte, auf ihren Namen getauft und ihr zu Ehren ein Denkmal im neugotischen Stil errichtet.

Der *Hochheimer Domdechant* wurde so benannt, da sein Ertrag den Domdechanten als Entgeld diente. Berühmt wurde der Weinberg 1775. Damals versuchte der Domdechant seine Trauben mit der Feuerspritze und Wasser aus dem Main zu bewässern. Dies führte erst zu starker Fäulnis und später zu sagenhaft gutem Wein. Der Zusammenhang zwischen den edelfaulen Trauben und der Qualität wurde damals nicht erkannt.

In der lieblichen Landschaft des Rheingaus wurde Weinbaugeschichte geschrieben. Nicht nur der friedliche Wettkampf der Klöster, auch die zahlreichen Entdeckungen, die dort gemacht wurden – Spätlese, Kabinettwein – reichen weiter bis in unsere Zeit. Die von ihnen begründete Tradition wird heute von den Winzern gepflegt und weitergereicht – immer zum Wohl und Ruhm des Rheingauer Weines.

Rheinhessen

Überall auf der Welt bekannt als Sammelbegriff für rheinhessischen Typenwein milder Art, kommt die Liebfraumilch ursprünglich von dieser Lage um das Wormser Liebfrauenstift

Die Weinregion Rheinhessen erstreckt sich zwischen dem Dreieck Mainz, Bingen und Oppenheim. Eingerahmt wird das Gebiet von Rhein und Nahe. Es ist mit über 26000 Hektar das größte Weinanbaugebiet Deutschlands und liefert etwa ein Viertel der gesamten Weinproduktion. Die Landschaft Rheinhessens ist geprägt von wellig-weichen Konturen. Die Steillagen von Franken, Baden, der Ahr und des Rheingaus fehlen fast völlig, sie sind nur im Bereich der Rheinterrassen zu finden. Durch das Rheinhessen umgebende Gebirge wird der Wind abgeschirmt, was zu einem milden, trockenen Klima führt. Die Bodenqualität wird im Bereich der Rheinterrasse vom *Rotliegenden* bestimmt, einem roten Tonschiefer.

Vermutlich wurde in Rheinhessen schon vor den Römern Wein angebaut, die Kelten kannten schon Reben und Weinbau. Cäsar soll seinen Soldaten auf den Feldzügen nach Gallien und Germanien befohlen haben, statt Wasser Wein zu trinken. Die Wasserqualität war erbärmlich. Durch ihr tägliches Quantum Wein blieben die Soldaten Cäsars weitgehend von Typhus, Cholera und Ruhr verschont. Da der Nachschub über die Alpen lange dauerte und der Weg oft nicht gesichert war, begannen die Römer schon vor

2000 Jahren in der Gegend um Mainz in größerem Maß Wein anzubauen.

Den Titel *Hauptstadt des Weines* erlangt Mainz durch seine Bedeutung für den Weinhandel. Es ist seine ausgesprochen verkehrsgünstige Lage, die seine bedeutende Rolle im Handel sicherte. Mainz ist am Rhein gelegen, der durch die Jahrhunderte Deutschlands Verkehrsader Nr. 1 war. Hier gibt Carl Zuckmayer Einblicke in die Entwicklung der rheinischen Lebenswelt:
Vom Rhein. Von der großen Völkermühle. Von der Kelter Europas! ... Da war ein römischer Feldhauptmann, ein schwarzer Kerl, braun wie eine reife Olive, der hat einem blonden Mädchen Latein beigebracht. Und dann kam ein jüdischer Gewürzhändler in die Familie, der war ein ernster Mensch, der ist noch vor der Heirat Christ geworden und hat die katholische Haustradition begründet. – Und dann kam ein griechischer Arzt dazu, oder keltischer Legionär, ein Graubündner Landsknecht, ein schwedischer Reiter ... das hat alles am Rhein gelebt, gerauft, gesoffen und gesungen und Kinder gezeugt.

Mainz war neben Speyer und Köln 1357 das Stapelrecht verliehen worden, was den Grundstock für den wirtschaftlichen Aufstieg der Stadt bildete. Das Stapelrecht ermöglichte es dem Magistrat der Stadt, alle durchziehenden Kaufleu-

Die Landschaft Rheinhessens ist geprägt von wellig weichen Konturen

te dazu zu zwingen, ihre Waren in der Stadt zum Verkauf anzubieten.

Der Lagenname *Appenheimer Hundertgulden* gibt möglicherweise den realen Kaufpreis wieder. Die ungewöhnlich hohe Summe deutet aber auch darauf hin, daß in dieser Lage ein außergewöhnlich guter Wein wuchs.

Der Name *Siefernheimer Goldenes Kreuz* drückt die Wertschätzung der Lage aus, er umschreibt mit dem Gold im Lagennamen den wahren Wert der Lage. Das Kreuz im Namen meint hier kein Feld- oder Wingertkreuz, sondern bezieht sich auf die vorspringende spitze Form des Berges.

„Lachweine“ aus fröhlichen Weinbergen…

Wenn man den *Nackenheimer Engelsberg* trinkt, kann man nicht nur die Engel im Himmel singen hören, sondern erfährt schon über den Namen die Wertschätzung der Qualität dieses Weines. Der berühmteste Sohn Nackenheims, der Schriftsteller Carl Zuckmayer, nennt die Weine Rheinhessens Lachweine, da sie durch ihre leicht zugängliche Art das Herz froh machen und von Sorgen befreien würden. In seinem Bühnenstück *Der fröhliche Weinberg* setzt Zuckmayer den Winzern in der Figur Jean-Baptistes und den Weinen seiner Heimat ein literarisches Denkmal.

Im *Bingener Scharlachberg* finden wir die ungewöhnlich scharlachrote Farbe des Bodens im Namen wieder. Der Weinberg ist erstmals mit diesem Namen 1248 erwähnt.

Eine feuchte Stelle oder ein kleines Rinnsal wird im Mittelhochdeutschen mit *seich* bezeichnet. Der rheinhessische Dialekt schliff dies im Laufe der Zeit um und machte den *Wöllsteiner Saukopf* daraus. Der Name erinnert auf den ersten Blick eher an einen wilden Eber oder eine Schweineweide als an eine feuchte Stelle im Gelände.

Auch beim *Gundersheimer Höllenbrand* hat sich eine Umdeutung im Laufe der Zeit vollzogen. Ursprünglich meint der Name einen Weinberg, der an einem Abhang des Bergrandes gelegen ist. Das mittelhochdeutsche *hel* wurde im Laufe der Zeit zur Hölle und der *rant* zum Brand. Wohl kann man mit dem Wein dieser Lage einen furchtbaren Durst löschen, er hat aber nichts mit der Hölle und dem Teufel zu tun.

Verschiedene Wege führen zum Wein

Der *Zornheimer Pilgerweg* liegt an dem alten Pilgerweg zwischem dem Rheinland und Rom bzw. Santiago de Compostella. Im Mittelalter zogen hier die Pilger mit Stab und Jakobsmuschel am Hut vorbei, um in den traditionellen

Wallfahrtsorten ihre Gelübde zu erfüllen. Bis ins 19. Jahrhundert wurde dieser Weg außerdem von Flößern und Rheinschiffern benutzt, die so das Rheinknie abzukürzen versuchten.

Der *Kellerweg* in Guntersblum weist eine Besonderheit auf. In den Weinbergen dieser Lage sind die Keller gleich in den Berg getrieben. Darüber liegen die Geräteschuppen. Diese doch ungewöhnliche Anlage findet sich in Guntersblum seit der Zeit um 1600.

Am *Westhofener Brunnenhäuschen* entspringt eine Quelle, an die ein Wasserspeicher angeschlossen ist.

Auf dem *Grolsheimer Ölberg* stand früher eine Ölmühle, in der die ölhaltigen Samen verschiedenster Sorten zu Speiseöl verarbeitet wurden. Als sich der Betrieb einer Ölmühle nicht mehr lohnte, wurde an dieser Stelle ein Weinberg angelegt. In Rheinhessen müssen in früheren Zeiten viele Mühlen gestanden haben, da auch der Name *Biebelsheimer Hockenmühle* auf eine Mühle verweist. In Appenheim führte einst ein schmaler Saumpfad durch die Weinberge zur Mühle. Der war so schmal, daß gerade ein Esel darauf entlang gehen konnte. Heute heißt diese Lage *Appenheimer Eselspfad*.

Im *Wollsteiner Haarberg-Katzensteg* sind gleich mehrere Hinweise versteckt. Mit *har* wurde im Mittelalter oftmals der Flachs bezeichnet und die Katze veranschaulicht die Enge des Weges. Übersetzt lautet die Bedeutung dieses Weges: *Der schmale Steig, der zur Stelle führt, wo der Flachs getrocknet wird.*

Geister und Äffchen

Auf dem Flurstück, das heute die Lage *Flonsheimer Geisterberg* beinhaltet, stand in früherer Zeit eine Mühle, die heute nicht mehr vorhanden ist. An ihrer Stelle sollen heute noch die Geister des ehemaligen Müllers und seiner Frau umgehen, die zu habgierig waren und die Menschen um ihren Lohn und Ertrag betrogen haben sollen.

Der Name *Wöllsteiner Äffchen* geht nicht auf die vielleicht in früherer Zeit vorhandenen Affen in Rheinhessen zurück. Auch nicht darauf, daß einst einer Edeldame der Affe davongelaufen ist und sich in den Bäumen dieses Flurstückes versteckte. In Rheinhessen werden Ulmen umgangssprachlich als *Effen* bezeichnet, womit man die richtige Bezeichnungsherleitung eher treffen dürfte.

Der *Eimsheimer Hexelberg* war vor seiner Anlage als Weinberg mit Haselnußsträuchern bestanden, die umgangssprachlich mit *Hexel* bezeichnet werden.

In Rheinhessen waren in vergangener Zeit auch zahlreiche wildlebende Tiere heimisch, wie zum Beispiel im Namen

Durch die Begrünung der Rebzeilen, wie hier mit Mohnblumen, ergeben sich immer wieder schöne Kontraste

Mörstadter Katzenbuckel überliefert ist. Hier war früher wohl eine Wildkatzenhöhle. Mit *Katze* werden aber auch umgangssprachlich kleine, minderwertige Dinge bezeichnet.

Auf der *Niersteiner Hippe* war früher die Ziegenweide der Gemeinde Nierstein, mit *hippe* wurde im Mittelalter die Ziege bezeichnet.

Im *Biebelsheimer Honigberg* standen ehedem die Bienenstöcke der Ortschaft. Auf der anderen Seite kann der Name auch auf die altertümliche Unterscheidung des Weines in *hunnisch* und *fränkisch* hindeuten. Hier ist die Namensüberlieferung nicht gesichert.

Von Kaisern und Königen

Der Lagenname *Ingelheimer Kaiserpfalz* soll an Karl den Großen erinnern, der hier angeblich seine Lieblingspfalz hatte. Karl der Große war der Förderer des deutschen Weinbaus im 8. Jahrhundert. Er soll die Burgunderreben nach

Deutschland gebracht und die Aufrebung von Weinbergen befohlen haben. Mit seinen *Kapitularien* erließ er das erste deutsche Weingesetz. Es verbot das Zertreten der Trauben mit den Füßen. Diese sollten nur noch mit der Spindelkelter zerquetscht werden. Auch die Aufbewahrung von Wein in Schläuchen aus Tierhaut wurde nicht mehr gestattet. Wein mußte von nun an in Holzfässern gelagert werden. Die Winzer wurden zu äußerster Sauberkeit bei der Kellerarbeit verpflichtet. Das Privileg der Einrichtung von Straußwirtschaften geht auch auf die Kapitularien zurück. Sie erlauben dem Winzer, vier Monate lang Wein aus eigener Produktion zu verkaufen. Sie mußten die Schenke nur mit einem Besen oder Reisigstrauß kennzeichnen. Die Straußwirtschaften Rheinhessens berufen sich noch heute auf das Privileg Karls des Großen.

Viele Anekdoten sind aus Rheinhessen überliefert, so auch die folgende:
An einem schwülen Sommertag trieb ein Müller seinen Esel durch die Weingärten von Ingelheim. Der Müller bleibt stehen – somit auch sein Esel – und hält ein Schwätzchen mit einem Mädchen. Der Esel steht just vor der offenen Kellertür, und der Duft federweißen Burgunders weht ihm um die Nase. Und da merkt der Esel, daß der Duft nicht allein aus dem Keller, sondern auch aus der Füllgießkanne neben ihm steigt, die hat

Die St. Rochuskapelle zu Bingen liegt inmitten von Weinbergen

der Winzer nämlich hier abgestellt und vergessen. Er schnuppert, er leckt und hat im Handumdrehen die Kanne ausgesoffen. Der Winzer, ein stattbekannter Geizkragen, bringt den Fall vor Gericht. Er will von dem Müller Ersatz für den entstandenen Schaden. Der Richter, erfreut einmal einen weniger ernsten Fall zu behandeln, fragt den Müller: „Hat der Esel den Wein im Stehen, im Sitzen oder im Liegen getrunken?". „Im Stehen natürlich", antwortet der verdutzte Müller auf die ihm seltsam erscheinende Frage. „Nun denn" entscheidet da der Richter „dann war der Trunk gratis, denn was ein Esel im Stehen trinkt, das ist ein Ehrentrunk!"

Auf dem Gelände des *Lörzheimer Königstuhls* soll die Wahl Konrad II. zum deutschen König stattgefunden haben. Konrad II. begründete das Herrschergeschlecht der Salier. Als einer der kraftvollsten Herrscher seiner Zeit, brachte er das Reich auf eine größere Ausdehnung im Osten. Im Inneren mußte er gegen seinen Stiefsohn Ulrich von Schwaben das Land befrieden und seine Hausmacht stärken. Auf ihn geht eine reiche Bautätigkeit zurück, die mit dem Dom zu Speyer wohl ihren größten Ausdruck findet. Konrad II. liegt hier in der salischen Grablege begraben.

Über die Entstehung des Lagennamens *Bingen-Büdesheimer Schloßberg-Schwätzerchen* gibt es zwei Varianten. Erstmals wurde 1781 eine Lage im Schloßberg unterhalb der Burg Klopp erwähnt. Der andere Namensteil geht auf die Traditionsfigur des Binger Winzerfestes *Prinzessin Schwätzerchen* zurück. Möglicherweise geht der Namen auf einen alten Weinbergsnamen zurück, der 1471 mit *schwetzgin* erwähnt wird, oder kommt vom Namen des ersten Besitzers *Schätzer*.

Die Anlage der Burg Klopp geht in römische Zeit zurück. Zweifelhafte Berühmtheit erlangt die Reichsburg, als 1105 Heinrich IV. vor seinem Sohn Heinrich V. fliehen mußte und dann auf Burg Klopp inhaftiert wurde.

Auch der Name *Binger Bubenstück* kann auf einen ehemaligen Besitzer – Bobo genannt – zurückgehen, möglicherweise bezeichnet der Name auch die Lage des Weinberges oben, da *boben* im Mittelhochdeutschen oben bedeutet.

Der *Binger Mäuseturm* – der sich unterhalb dieser Lage befindet – wurde von den Mainzer Bischöfen im 13. Jahrhundert als Zollstation errichtet. Seinen Namen hat er nur im übertragenen Sinn von Mäusen, ursprünglich hieß er *Mautturm*. Hier war eine der etwa 60 Stellen auf und am Rhein, an denen die Händler und Schiffer Steuern zahlen mußten. *Die Sage erzählt, daß Bischof Hatto, der besonders habgierig war, hier seinen gesamten Getreidevorrat versteckte. Obwohl im Land eine große Hungersnot herrschte, gab er das Getreide nicht heraus und verschanzte sich in diesem Turm. Eine riesige Mäuseherde soll ihn dann in seinem selbstgewählten Gefängnis aufgefressen haben.*

Wir finden in den alten Lagennamen weitere Hinweise auf ihre ehemaligen Besitzer, wie im *Flonsheimer La Rôche*. Dieser Lagenname geht auf eine hugenottische Familie zurück, die in Florsheim ansässig war. Die Hugenotten waren nach dem Dreißigjährigen Krieg in das zerstörte Land gekommen. Der Kurfürst hatte ihnen völlige Religionsfreiheit zugesichert. Die Hugenotten waren aus Frankreich ihres kalvinistischen Glaubens wegen vertrieben worden. Sie zeichneten sich durch ihren Fleiß und Erfindungsreichtum aus und halfen, die zerstörten Gebiete wieder aufzubauen.

Durch die Benennung des Weinberges mit dem Namen *Bergesheimer Hildegardisberg* wird der Heiligen Hildegard von Bingen Tribut gezollt. Sie ist 1098 in Bermersheim geboren und war eine der bedeutendsten christlichen Mystikerinnen ihrer Zeit. Neben Schriften zur Heil- und Naturkunde trat sie auch als Komponistin hervor. Ihr berühmtestes Werk sind ihre Schriften zur Kosmologie über ihre Visionen des lebendigen Lichtes.

Auf ihr heiligenmäßiges Leben verweist schon eine Sage aus ihrer Jugend:
Im Schloß, in dem sie aufwuchs, wurde Heinrich IV. gefangengehalten. Er saß tief unten im Keller, wo kein Sonnenstrahl ihn erreichen konnte, und schmachtete. Am Weihnachtsabend öffnete sich die Tür seines Gefängnisses und herein kam die Tochter eines Burgmannes, Hildegard mit Namen, die ein Weihnachtsbäumchen in der Hand trug. Der alte Kaiser weissagte, daß das Mädchen noch vielen Menschen Segen bringen würde. Als Äbtissin des Klosters Ruppertsberg machte sie diese Weissagung wahr.

Der Name *Niersteiner Schloß Schwabsburg* geht auf die alte Reichsburg Schloß Schwabsburg zurück, die vom Burgenbauer Herzog Friedrich von Schwaben erbaut wurde.

Der Lagenname *Wormser Liebfrauenstift-Kirchenstück* verweist auf das historische Liebfrauenstift, eine Lage, die schon im Mittelalter von den Mönchen bewirtschaftet wurde. Mit dem Liebfrauenstift ist eine andere rheinhessische Spezialität verbunden, die *Liebfraumilch.*
Die *Liebfraumilch* steht im Ausland für *deutschen Wein* schlechthin. Sie ist in Boston, London, Sydney oder Paris zu kaufen. Der Ursprung des Namens dürfte im 17. Jahrhundert liegen. *Die Wormser machen großes Aufhebens um diesen Wein, sie haben ein Sprichwort, das sagt, er sei süßer als die Milch der heiligen Jungfrau.*

Der Name der Lage bezieht sich auf den Namen der Weinberge, die um das Lieb-

Die Katharinenkirche im November

frauenstift liegen. Milch wird auf die Bibel zurückgeführt, da Gott den Israeliten versprach, sie nach Kanaan zu führen, das Land in dem Milch und Honig fließe. Eine andere Variante führt Milch auf *Mink* zurück, die mittelhochdeutsche Schreibweise für Mönch. Im 19. Jahrhundert machte ein Wormser Weinhändler den Namen *Liebfraumilch* allgemein bekannt und vermarktete ihn weltweit. *Liebfraumilch* ist zu einem Sammelbegriff für einen rheinhessischen Typenwein milder Art geworden.

Worms erlebte seine Blütezeit in der zweiten Hälfte des 12. Jahrhunderts, in der Regierungszeit Friedrich Barbarossas. Hier entstand einer der wichtigsten mittelalterlichen Epen der Stauferzeit – das Nibelungenlied. Es erzählt in epischer Tradition vom Untergang der Burgunder. Angeblich wurden die Burgunder 435 in einer vernichtenden Schlacht von den Hunnen unter ihrem Anführer Attila geschlagen.

Wonnegau ist der Name der Gegend rund um Worms. Ihren Namen hat sie von dem einst hier ansässigen germanischen Stamm der Vangionen. Ihnen folgten die Römer, die den Weinbau in den Wonnegau brachten.

Der Lagenname *Niersteiner St. Alban* geht auf ein ehemaliges Kloster zurück. Mit seiner Erwähnung 742 nach Christus dürfte der *Niersteiner Glöck* wohl einer der ältesten Weinberge Deutschlands sein. Der Name nimmt Bezug auf den Glockenklang der Pfarrkirche St. Kilian, die sich unterhalb dieser Lage befindet und der hier gut zu hören ist.

Der Name der *Lörzweiler Ölgild* erzählt uns etwas über den Zehnt, der auf dieser Lage lag. Er mußte wohl in Speiseöl abgeliefert werden. In Rheinhessen gab es etliche Ölmühlen. Es ist heute oftmals nicht mehr nachvollziehbar, welcher Zehnt und warum auf einem Flurstück lag. Manchmal wurde der Ertrag des Feldes, manchmal eine Gans oder ein Huhn als Zehnt verlangt. Auch Hand- und Spanndienste gehören zur Reihe

Durch die große Ausdehnung der Rebflächen finden auch Wildtiere ihren Platz in den Weinbergen

des Zehnten. Die Grundherren werden wohl immer genau dies als Zehnt verlangt haben, was sie benötigten.

Bildstöcke und Wegzeichen

Ein alter Wegstein gab dem *Sponheimer Palmenstein* seinen Namen, er zeigt eine offene Hand. Über Sponheim erzählt die Sage:

Der Abt des Klosters Sponheim war einem guten Tropfen nicht abhold. Er gab sich nie mit einem Viertel zufrieden, nein er war ein bekannter nimmermüder Zecher, der schon manchen unter den Tisch getrunken hatte. Er konnte sich seinen Lebensstil nur deshalb leisten, weil er seinen Bauern hohe Abgaben verlangte. Dies machte ihn zum bestgehaßten Mann der Umgebung. Während des Bauernkrieges stürmten die Bauern die Abtei im Handstreich und taten sich an den aufgespeicherten Dingen gütlich. Bis auf den Abt, der betrunken in seinem Lehnstuhl saß, waren alle Mönche geflohen. Die Bauern stürmten ins Refektorium und sahen den Abt dort sitzen.

Sie ergriffen den Abt, schleppten ihn hinunter in den Keller und warfen ihn in das größte Faß. Er, der stets so gerne dem Wein zugesprochen hatte, sollte nun darin ertrinken. Am nächsten Tag rückten die benachbarten Ritter mit ihren Vasallen an, die die Aufrührer vertrieben. Man begab sich auf die Suche nach dem Abt, wo war er nur geblieben? Die gräßliche Geschichte wurde erzählt und man begab sich in den Keller, um die Leiche zu bergen. Aber welch grausame Geräusche vernahm man aus dem Keller, als ob dort Geister wären. Man öffnete das große Faß und es war leer bis auf den letzten Tropfen. Der Abt hatte es gänzlich leergetrunken und schlief nun friedlich darin. Sein Schnarchen hatte man für Geister gehalten.

Das *Ingelheimer Rote Kreuz*, das der Lage ihren Namen gab, markiert die Stelle, an der die Bauern der Umgebung auf ihrem Weg nach Mainz zum Markt Rast machten.

Für das *Neu-Bamberger Heerkretz* ist von der Deutung her eine Interpretation als Kreuz bei der Heerstraße vertretbar. Die Deutung von *Kretz* ist umstritten, es kann sowohl *Kreuz* als auch *Rodungsland* bedeuten. Auch hier gibt es eine interessante Geschichte:
In der Nähe des Kreuzes haust ein kleiner, unheimlicher Geist. Am Wegesrand sitzt er als schöner Buchenscheit. Will jemand Holz lesen, so nimmt er es mit. Von Schritt zu Schritt werden ihm die Schritte schwerer. Wenn man es trotzdem nach Hause bringt, wird es zu einem ansehnlichen Goldstück. Doch niemand bringt das Scheit bis nach Hause. Denn oft raschelt es im Sack, und der Geist springt aus dem Sack heraus und läuft davon.

Das *Binger Schelmenstück* gehörte einst keinem Narren. Es war der ehemalige Schindanger der Gemeinde. Hierhin wurde verendetes Vieh gebracht, um Krankheiten und Seuchen aus der Stadt herauszuhalten.

Ketzer und Heilige

Der *Wolfsheimer Götzenborn* überliefert, daß an dieser Stelle wohl ein altes keltisches Heiligtum gestanden hat. Der *Alzeyer Blutberg* wiederum hat seinen Namen von einem Massaker. Der Legende nach sollen hier, in der Zeit des Bonifatius, Märtyrer von den Heiden ermordet worden sein. Das Alzeyer Schloß beherrscht das Stadtbild von Alzey, der Stadt in den tausend Hügeln. Ursprünglich war es eine staufische Burg, später wurde es Sitz des Pfalzgrafen bei Rhein. Aus Alzey soll der Spielmann Volker stammen, eine Figur aus dem Nibelungenlied.

Der *Niersteiner Heiligenborn* hat seinen Namen von den Bildstöcken, die in der Gemarkung zu finden sind. Eine andere Version besagt, daß der Name auch von *Helje* der keltischen Fruchtbarkeitsgöttin, kommen könnte. Im Volksmund heißt es über diese Lage: *am Helje Boam bringt der Klapperstorch die Kinder!*

Der Lage *Engelstadter Adelpfad* leitet sich entweder von einem ehemals adligen Besitzer ab oder aber es meint *Adel* in der Bedeutung von Jauche oder Wassergraben.

Die *Gundenheimer Hungerbiene* hat auch eine volkssprachliche Umdeutung erfahren. Der Name hat ursprünglich wohl *Hungerborn* bedeutet, damit bezeichnete man eine Quelle, die leicht austrocknet.

Der Name *Westhofener Kirchenspiel* kommt nicht von den im Mittelalter beliebten Kirchenspielen, die meist in Versform das Leben und Wirken eines populären Heiligen darstellten. Er wurde, wie so viele Namen, im Laufe der Zeit fehlgedeutet. Die Lage fand 1348 Erwähnung als *an dem Kierßbühel*, was einen mit Kirschen bewachsenen Hügel bedeutet.

Der *Framersheimer Zechberg* ist ein Ausdruck bäuerlicher Selbsthilfe. Mit *Zeche* bezeichnete man den Zusammenschluß mehrerer Weinbergbesitzer zu einem bäuerlichen Zweckverband. Er wurde gemeinschaftlich bearbeitet und vermarktet. Der Verkaufserlös wurde durch die Anzahl der Teilhaber geteilt.

Am *Lörzweiler Teufelspfad* sollen sich in früher Zeit verrufene Personen herumgetrieben haben, und die Niersteiner *Goldene Luft* stammt wohl von dem Charme der Landschaft, in der man sich hier bei Spaziergängen ergehen kann.

Die *Zornheimer Dachgewann* hat ihren Namen davon, wie groß das Tagewerk eines Mannes sein kann, sie ist eine dialektale Verkürzung von *Tagwerksgewann*.

Der *Oppenheimer Sackträger* schließlich hat seinen Namen von der Gilde der Sackträger, die den hier stehenden Turm verteidigen mußten. Die Sackträger mußten, da Oppenheim nicht am Rhein liegt, die Schiffsladungen in die Stadt bringen.

Rheinhessen, die liebliche Landschaft Zuckmayers, der Ort der Nibelungensage, wo sich alt und neu harmonisch ineinander fügt. Als Beispiel seien hier nur die Trulli genannt, kleine weiße Weinbergshäuschen – Unterstände für die Weinbergschützen oder bei schlechtem Wetter – die man im Wonnegau überall finden kann und die der Landschaft den Charme Italiens verleihen. Sie wurden Anfang des 19. Jahrhunderts von Erntehelfern aus Apulien gebaut und werden auch heute noch liebevoll gepflegt. So wirkt an der *Völkermühle* Rhein die Verbindung mit anderen Kulturen immer wieder innovativ für den Weinbau und die Weinkultur.

Saale-Unstrut

Bei Naumburg findet man in den Weingärten an den Ufern der Saale das steinerne Festbuch

Das knapp 450 Hektar Rebfläche umfassende Weinanbaugebiet Saale-Unstrut liegt auf dem 51. Breitengrad und ist damit das nördlichste Weinanbaugebiet Deutschlands. Es ist in einer klimatisch geschützten Nische angesiedelt. Die Wetterbedingungen sind denen Frankens ähnlich. Sie sind oft sehr schwierig, da Kontinentalklima vorherrscht. Der Winzer versucht, durch das Anhäufeln der Rebstöcke mit Erde dem Winter zu trotzen, um das Erfrieren zu verhindern. Die Weinberge sind hier auf Bergterrassen angelegt, die sich entlang der Flußtäler ziehen.

Die Landschaft von Saale und Unstrut ist geprägt vom Wechsel zwischen Tälern und Höhen. In der zweiten Hälfte des 10. Jahrhunderts begann der Weinbau an Saale und Unstrut. Einen wesentlichen Beitrag hierzu leisteten die Klöster der Benediktiner und Zisterzienser. Weinbau war für die Klöster des Mittelalters unbedingt notwendig, brauchten sie den Wein doch für die heilige Messe. Dieser Wein sollte rein und unverfälscht sein. Die Mutterklöster waren oft mehrere Tagesreisen von den Klöstern entfernt, niemand wollte sich auf die unsicheren Nachschubwege verlassen. Unwetter, Wegelagerer und schlechte Straßen ließen den Transport im Mittelalter zu einem gewagten Unternehmen werden. Neben dem Meßwein, benötigten die Klöster auch Wein zur Krankenpflege und für die Tagesrationen der Mönche, die außerhalb der Fastenzeiten vier bis fünf Liter betragen konnten. So legten die Klöster zwischen dem 10. und 13. Jahrhundert Weingärten an, die sie selbst oder Laienbrüder bewirtschafteten.

Der Weinbau an Saale und Unstrut wurde von den Zisterziensern von Sancta Maria ad Portem (Klosterpforta) zur Blüte gebracht, es hatte die bedeutendsten Rebanlagen in ganz Thüringen.

Im 15. und 16. Jahrhundert erreichte der Weinbau seine größten Ausmaße, da auch die Bürger der Städte das Rebland immer weiter ausdehnten. In der Gegend um Erfurt übertraf der Wein- bald den Waldanbau, einen traditionellen Erwerbszweig der Sorben.

Mit dem Ende des Dreißigjährigen Krieges trat ein dramatischer Rückgang ein. Zum einen war die Vielzahl der Weinberge durch die Kriegswirren zerstört, zum anderen kam es im 17. Jahrhundert zu einer dramatischen Klimaveränderung, einer kleinen Eiszeit. Rebkrankheiten und die Reblaus brachten Ende des 19. Jahrhunderts den Weinanbau an Saale und Unstrut fast zum Erliegen. Heute hat er eher Nebenerwerbscharakter.

Der Weinbau wird begünstigt durch die Enge der Täler

Von Klöstern, Menschen und Mönchen

Das heute unter dem Namen Schulpforte bekannte Kloster Sancta Maria ad Portem wurde 1137 von Zisterziensern gegründet. Es wurde durch den Fleiß der Mönche zu einer der wohlhabendsten Abteien im mitteldeutschen Raum. Ursprünglich im romanischen Stil erbaut, erfuhr es zahlreiche Umbauten im gotischen Stil. Nach der Reformation wurde Pforta zu einer der bedeutendsten Fürsten- und Bürgerschulen. Klopstock, Fichte und Nietzsche drückten hier die Schulbank.

Der älteste Weinberg von Saale und Unstrut liegt direkt beim Kloster. Es ist der *Klöppelberg*, der 1153 aufgerebt wurde. Die Herkunft des Namens ist nicht bekannt, er könnte auf eine ehemalige Viehkoppel verweisen. Es ist aber auch denkbar, daß früher auf dem Berg eine kleine Kapelle oder Wallfahrtskirche stand. In alten Urkunden und Schriften findet sich auch die Bezeichnung *Kappelberg*.

In der Entwicklung von Kloster Pforta und Eberbach im Rheingau sowie ihrer Bedeutung für den Weinbau der Regionen, lassen sich starke Parallelen erkennen. Die Verbindung ist im gemeinsamen Glauben und der gemeinsamen Ordensregel der Zisterzienser zu suchen.

Die große Zahl der angepflanzten Weinberge war von den Mönchen kaum selbst zu bewirtschaften. Deshalb bildet sich in Thüringen das im Mittelalter für Deutschland einzigartige System der Halbpacht aus. Die Winzer mußten von ihren Weinbergen die Hälfte des Ertrages an die Klöster weitergeben, die andere Hälfte durften sie behalten. Der mit der Halbpacht verbundene Kelterbann verpflichtete jeden Weinbauern dazu, seine Trauben in den Keltern der Grundherren zu verarbeiten.

Das Kloster St. Moritz zu Naumburg zögerte zunächst bei der Anlage von Weinbergen, im Gegensatz zu den Mönchen von Pforta, die schon reiche Weinländereien besaßen. Zum guten Schluß blieb den Mönchen nur die Möglichkeit, auf den Saalebergen bei Kösen Weinberge zu erstehen. Sie mußten nicht nur die Reben pflanzen und sonstige Weinbergsarbeiten erledigen, sondern auch noch Gebäude errichten, in denen sie übernachten konnten. Kösen war von Naumburg mehr als einen Tagesritt entfernt, und sie mußten sich gegen die Unbill des Wetters schützen. Diese Gebäude wurden Saalehäuser genannt. Noch heute trägt die Weinlage *Bad Kösener Saalehäuser* ihren Namen, in Erinnerung an die fleißigen Mönche aus Naumburg.

Wie in allen Weinanbaugebieten, so schlägt sich auch in den Lagennamen Thüringens der Charakter der Natur nieder. Die Herkunft der Lage *Steigrader Hahnenberge* ist nicht bekannt. Man nimmt an, daß dieser Hügel vor den Rodungen mit dichtem, zusammenhängendem und unterholzreichem Laubwald bedeckt war. Dieser Wald barg ideale Brutplätze für Birk- und Auerhuhn, deren häufiges Auftreten vielleicht der Lage den Namen gaben.

Dem *Almricher Steinberg* hat entweder seine steinige Lage seinen Namen gegeben oder er wurde nach einem früheren Besitzer benannt. Er zählt, was Lage und Größe betrifft, zu den Lagen ersten Ranges in Thüringen.

In den alten Flurnamen sind zum Teil Erinnerungen an geschichtliche Ereignisse verborgen, die auf den ersten Blick nicht so offensichtlich sind. In unmittelbarer Nähe der Stadt Nebra befindet sich der *Vogelherd*. An dieser Stelle soll Heinrich der Vogler Kunde von seiner Wahl zum deutschen König erhalten haben.

Schloß Neuenburg wurde im 11. Jahrhundert von den Thüringer Landgrafen erbaut und diente als Schutz der Ostgrenze. Im Ausmaß der Wehranlagen übertrifft sie die Wehranlagen der Wehrburg an der Westgrenze. Thüringen war immer Grenzland, hier standen sich jahrhundertelang Slawen und Germanen in Grenzstreitigkeiten gegenüber. Im 13. Jahrhundert entstand eine spätromanische Doppelkapelle, die Burg erfuhr noch mehrere Umgestaltungen in ihrer wechselvollen Geschichte.

Der Hof des Landgrafen von Thüringen war neben dem der Staufer und der Babenberger zu Wien eines der kulturellen Zentren des Mittelalters. Walther von der Vogelweide spricht über seine Gönner folgendermaßen: *Sein hoher Adel ist mir kund. Und gält ein Fuder Weines tausend Pfund, es stände dennoch keines Ritters Becher leer da.*

Die Thüringer Landgrafen sind noch mit einem anderen Lagennamen, dem *Freyburger Edelacker,* verewigt. Über seine Entstehung berichtet die Sage folgendes:
Landgraf Ludwig der Eiserne regierte im 12. Jahrhundert das Land. Als er hörte, wie sehr seine Edelleute das Volk unterdrückten, sorgte er für Gerechtigkeit und bestrafte die Edelleute hart. Diese aber zogen gegen ihn ins Felde. Ludwig jedoch besiegte das Heer der aufständischen Ritter. Zur Strafe spannte er – auf dem Feld nahe seiner Burg – je vier von ihnen vor einen Pflug, und sie mußten selbst den Acker pflügen. Dies geschah solange bis jeder von ihnen einmal den Pflug gezogen hatte. Seit dieser Zeit heißt das Flurstück im Volksmund Edelacker.

Bei Naumburg finden wir in den Weingärten an den Ufern der Saale das *steinerne Festbuch*. Der Hofjuwelier Steinhauer ließ im 17. Jahrhundert zu Ehren des zehnjährigen Jubiläums von Herzog Christian von Sachsen-Weißenfels elf weinkulturelle Motive in den Buntsandstein des Ufers meißeln.

Das Weinbaugebiet Saale-Unstrut gehört zu den wirklich unbekannten Weinbaugebieten Deutschlands. Was zum Teil durch seine Lage, zum Teil auch der deutsch - deutschen Geschichte der letzten Jahre zu verdanken ist. Dank den Winzern und Kellermeistern, vereinen sich denn auch in dieser Weinregion Geist und Kultur mit der belebenden und anregenden Wirkung des Weines.

Sachsen

Die Weinberge Sachsens zeigen sich bei Meißen im Herbst in ihrer schönsten Form

Sachsen ist von allen deutschen Weinanbaugebieten sowohl das kleinste als auch das östlichste. Alle sächsischen Weinanbaugebiete liegen östlich des 51. Breitengrades, dort wo der Weinbau üblicherweise am Rhein aufhört. Der östlichste Weinberg Deutschlands liegt fast an der Grenze zu Polen. Die sächsischen Weinberge ziehen sich von Pillnitz bei Dresden 50 Kilometer elbabwärts über Radebeul und Meißen bis Seußlitz.

Das Klima ist von kontinentalen Einflüssen geprägt. Es gibt hier sehr kalte Winter und heiße Sommer, die durchschnittliche Jahrestemperatur liegt um 9° C. Bis April können Spätfröste auftreten, die so über die Ernte des Jahres entscheiden.

Der Weinbau in Sachsen ist erstmals urkundlich 1161 erwähnt. 1195 wurde das Dorf Wadeln von Zisterziensern gekauft, die dort Weinberge anlegen wollten. Um 1250 stand der Weinbau im

Elbtal in voller Blüte, Handwerker verdienten in Dresden und Meißen durch den Ausschank von Wein mehr als durch ihr eigentliches Handwerk. Die Rebe hatte bis Ende des 14. Jahrhunderts alle klimatisch günstigen Stellen erobert, das Gros der Weinberge war damals im Besitz der Kirche.

Der Dreißigjährige Krieg brachte den ersten Einschnitt in den Weinbau Sachsens, durch die Kriegswirren verödeten die meisten Weinberge. Eine kurze Blüte erreichte er nochmals in der Regierungszeit Augusts des Starken. Ende des 18. Jahrhunderts brach der Weinbau durch Mißernten, Frost und Kriege ein. Das Aufkommen von Tee, Kaffee, Kakao und Branntwein, die die billigeren Konsumgetränke waren, lösten Wein als Volksgetränk ab.

Die aus Amerika eingeschleppte Reblaus und der echte Mehltau brachten ihn fast zum Erliegen. Die mit Reblaus befallenen Flächen wurden gerodet, verbrannt und für Jahre brachgelegt. In den letzten Jahren wurde von staatlicher Seite die Aufrebung unterstützt, und mehr als 600 Feierabendwinzer brachten die Rebfläche wieder auf ihren Stand von etwa 400 Hektar. Die sächsischen Weinberge verfügen über ein großes Potential. Die Weinberge sind terrassenförmig an den Elbhängen gelegen, ein idealer Standort für Reben. Die Granitböden

Die Weinberge um Schloß Hoflößnitz bei Radebeul gehören zu den östlichsten Anbaugebieten in Deutschland

verleihen den Weinen einen frischen Charakter mit mineralischem Anklang.

Die Lage *Radebeuler Goldener Wagen* und der Weinberg, der dieser Lage seinen Namen gab, gehörten einst zu einem der Musterweingüter Sachsens. Nach der Reformation aus verschiedenem kirchlichen Besitz hervorgegangen, bildet er nach der Reformation den Grundstock für den ausgedehnten Weinbergsbesitz der sächsischen Kurfürsten. Der Name leitet sich wahrscheinlich von den stets ausgezeichneten Erträgen dieser Lage ab, er kennzeichnet seine Wertschätzung.

Im Dunkel der Geschichte verliert sich die Bedeutung des *Radebeuler Steinrückens*. Sie deutet auf die hier vielfach anzutreffenden Steinhalden hin und die sehr steinigen Weinbergböden. 1588 wurde für Kursachsen eine Weinbergordnung erlassen, die das Auflesen und Abtragen großer Steine aus dem Weinberg allen Winzern ans Herz legte. Die vielen Steine waren bei der Bodenbearbeitung sehr hinderlich.

August und die „Cosel", Friedrich und die „Gustl"

Die Lage *Königlicher Weinberg* gehört zu den Weinbergen zwischen Wachwitz und Pillnitz, die im Besitz der königlichen Familie waren. All diese königlichen Weinberge waren gleichzeitig Musterweingüter und wurden nach modernsten Erkenntnissen angelegt. Wasserführung und Wegenetz sind noch heute nutzbar. Der dort angebaute Rotwein wurde einst äußerst hochgeschätzt.

Schloß Pillnitz ist die ehemalige Residenz der Gräfin Cosel. Sie war elf Jahre lang die *Ehefrau zur linken Hand* Augusts des Starken. Als Maitresse war sie die mächtigste Frau im Staat, sie hielt Hof wie die Königin selbst. 1712 fiel *die Cosel* bei ihrem August in Ungnade. Aus Angst, sie könnte Staatsgeheimnisse verraten, verbannte August sie auf Burg Stolpen. Sie durfte dort außer dem Wachregiment niemand sehen, ihre Briefe wurden zensiert und sie wurde behandelt wie eine Staatsgefangene.

In Loschwitz, einem Weinort in der Nähe von Pillnitz, lebte Friedrich Schiller zwei Jahre im Gartenhaus der Familie Körner, seines Dichterfreundes. Seine Erfahrungen hat er unter anderem in *Wallensteins Lager* verarbeitet. Er hatte sich in die Wirtstochter Justine aus Blasewitz verliebt. Sie erhörte ihn jedoch nicht. Wie so viele Abgewiesene rächt sich Schiller an ihr. Er verewigt sie in *Wallensteins Lager*. Beim Anblick einer Marketenderin läßt er einen Jäger ausrufen: „Was? Der Blitz! Das ist die Gustl von Blasewitz."

Im Stadtgebiet von Meißen finden sich die Reste des ältesten Weinberges des Elbtals, der 1161 das erste Mal erwähnt

worden ist. Die Lagen im Stadtgebiet heißen nach dem Stadtschloß *Heinrichsburg*. Der älteste Weinberg Meißens soll noch von Bischof Benno angelegt worden sein. Mit seiner Figur sind einige Weinsagen verbunden:
Der Sage nach soll Bischof Benno die ungläubigen Sorben, um sie zu bekehren, und da der Platz in der Stadt nicht ausreichte, in einen schönen sonnigen Grund, etwa 1000 Schritte vor die Stadt Meißen, geführt haben. Noch heute heißt das Tal deshalb der Heilige Grund. Und als er nun an einem heißen Sommertag wieder hier predigte, klagten die Menschen über Durst. Da stieß Benno seinen Bischofstab in die Erde. Und siehe an dieser Stelle entsprang alsbald eine Quelle, deren Wasser süß wie Wein schmeckte und alle Durstenden labte.

Noch eine Spezialität ist mit dem Namen Meißen verbunden: *Der Meißner Fummel*. Zwischen Dresden und Meißen verkehrten regelmäßig die Kuriere des sächsischen Kurfürsten. Die Kuriere tranken gerne das eine oder andere Glas Wein in einer der Schenken Meißens. So wurde die Zustellung der Kurierpost sehr unzuverlässig. Deshalb befahl der Kurfürst den Bäckern von Meißen, ein sehr zerbrechliches Gebäck herzustellen. Die Kuriere mußten dem Kurfürsten bei ihrer Rückkehr von Meißen das Gebäck vollständig vorweisen.

Die Lage *Proschwitzer Katzensprung* liegt in einer Gegend, mit der folgende Erzählung verbunden ist:
Auf den Proschwitzer Höhen steht, auf schroff nach der Elbe hinab abfallendem Fels, ein einsames Winzerhaus. Das „Scheechhäusel" heißt es im Volksmund, das Gespensterhaus. Eines Abends saß die Winzerfamilie zu Tisch, der Sturm rüttelte an Fenstern und den festverschlossenen Türen. Die Mutter stand draußen in der Küche und bereitete das Abendessen. Als ihr eine kalte Hand über das Gesicht fuhr, schrie sie auf und sank ohnmächtig nieder. Mann und Kinder kamen eilends herbeigelaufen und suchten das Haus ab. Nichts war zu finden, nichts zu sehen und nichts zu hören. Wenige Tage später wiederholte sich der grauenvolle Geisterspuk. Da hielt es den Winzer nicht länger in dem einsamen Haus. Er zog fort mit Frau und Kind. Jahrelang stand das Haus verlassen, es ist jetzt wieder bewohnt, von dem Spuk wurde aber nie wieder was gehört.
Die Lage *Gellertsberg* in der Nähe hat ihren Namen von dem Dichter Johann Fürchtegott Gellert.

Sachsen, einst das Bindeglied zwischen Osten und Westen, ein Transformator kultureller Entwicklungen auf beiden Seiten. Es wäre den traditionsbewußten Sachsen zu wünschen, daß ihr Weinanbaugebiet bald wieder den Stellenwert einnimmt, den es im Zeitalter Augusts des Starken hatte. Die engagierten Winzer in Meißen und Pillnitz sind auf dem besten Weg dorthin.

Württemberg

Die steil abfallenden Hänge des Neckars, wie hier bei Besigheim, machen die Weinbergsarbeit sehr beschwerlich

Das Weinanbaugebiet Württemberg erstreckt sich zwischen Schwarzwald und Odenwald im Westen sowie Schwäbischer Alb, Schurwald und Schwäbischem Wald im Osten. Der Neckar ist die *Weinschlagader* Württembergs, die Weinberge begleiten ihn von Rottenburg bis Gundelsheim. In engen Tälern direkt in steilen Lagen an den Hang geschmiegt, wenn das Flußtal sich weitet, etwas entfernter. Nur zwei Bereiche des württembergischen Weinbaus liegen nicht am Neckar: die schwäbische Enklave des Bodensees und die Weingärten des Taubertals.

Die Frage bleibt offen, ob die Römer, die 85 nach Christus die keltischen Helveter unterwarfen, hier den Anbau von Reben pflegten. Es wurden Relikte römischer Weinbergswirtschaft an verschiedenen Orten Württembergs ausgegraben. Man nimmt an, daß es einen kleinen römerzeitlichen Weinanbau im

Gebiet des heutigen Württemberg gab, der aber wohl von geringer Bedeutung gewesen sein muß.

Wer auch immer damit begonnen haben mag, der Weinbau entwickelte sich ab dem 8. Jahrhundert durch die großen Lehrmeister des Mittelalters, die Klöster. Wein war wie Brot notwendig zum Meßopfer. Im Jahr 776 wird zum ersten Mal Weinbau in Württemberg urkundlich erwähnt. Das Weinanbaugebiet Württemberg wurde neckaraufwärts erschlossen, es war anfänglich wohl ein Ausläufer der rheinischen Weinbauprovinz. Über den Bodensee kam von Süden her ein zweiter Vorstoß der Rebe nach Württemberg.

Zwischen 1300 und dem Dreißigjährigen Krieg entfaltete der Weinbau seine größte Ausdehnung. Ulm wurde ab dieser Zeit zum bedeutendsten Weinumschlagplatz für Weine jedweder Herkunft – neben Baccharach am Rhein. Seine größte Ausdehnung hatte der Weinbau in Württemberg im 16. Jahrhundert erreicht, nach Schätzungen zwischen 40 000 und 45 000 Hektar.

Die Kriege des 17. und 18. Jahrhunderts wirkten verheerend auf den Weinbau in Württemberg. Sie dezimierten nicht nur die mit Wein bebaute Fläche auf ein Viertel, auch die Bevölkerung Württembergs schrumpfte von nahezu 500 000 auf knapp 100 000. Nach der

Die imposante Weinlandschaft Württembergs, wie hier bei Weinsberg, beeindruckt nicht nur Weinliebhaber

napoleonischen Ära wurde dem Weinbau in Württemberg behördliche Unterstützung zuteil, die ersten Winzergenossenschaften gründeten sich. Trotz der Rückschläge durch Reblaus und echten Mehltau gewann der Weinbau für Württemberg wieder stark an Bedeutung.

Der *Trollinger* als *urschwäbische* Sorte beansprucht bei den Rotweinsorten den größten Flächenanteil. Seiner späten Reife wegen wird er überwiegend auf den besseren Böden und den besten Lagen angebaut. Den Namen *Trollinger* hat er von seiner Heimat Südtirol, aus der er nach dem Dreißigjährigen Krieg nach Württemberg kam. Dort ist er unter dem Namen *Großer Vernatsch* oder *Meraner Kurtraube* bekannt. Er ist von hell- bis rubinroter Farbe – je nachdem wie das Weinjahr gewesen ist – bekömmlich und als *schwäbischer Nationalwein* beliebt. Als ausgesprochener Alltagswein ist er bei Tisch ein perfekter Begleiter. Trollinger wird nur in Württemberg angebaut.

Der Wirt am Berg

Wenn man sich in diesem historisch so vielfältigen Weingebiet aufhält, ist es auch interessant zu erfahren, wie es zu dem Namen *Württemberg* kam:
Ein Mann aus dem Bürgerstand und die Tochter des Kaisers liebten einander. Da die beiden jungen Leute aber keine Möglichkeit sahen, je vereinigt zu werden, flohen sie, kauften sich in Schwaben ein kleines Grundstück und bauten hier ein Wirtshaus auf, von dessen Einnahmen sie lebten. Das Haus lag an einem Berg, und man nannte den Besitzer daher den Wirt am Berg. Da geschah es nach mehreren Jahren, daß der Kaiser auf einer seiner Reisen nach Frankfurt des Weges kam und bei seiner Tochter einkehrte, ohne sie zu erkennen.

Die Tochter aber erkannte ihren Vater gleich, überredete ihren Mann, sich dem Kaiser zu erkennen zu geben und diesen um Gnade anzuflehen. Sie hatten ein junges Söhnchen. Da es ein schöner Knabe war, nahmen sie ihn in die Mitte und stellten sich so dem Kaiser vor. Der war außer sich vor Freude, seine Tochter wiederzuhaben, verzieh ihr gerne und machte ihren Mann zum Grafen. Er sollte aber zum Andenken seinen Namen Wirt am Berg beibehalten.

Der Namenswechsel von *Wirt* zu *Württ* erklärt der Volksmund so:
1806 wurde Herzog Friedrich König von Napoleons Gnaden, und es ärgerte ihn maßlos, daß man seinen Namen von Wirt am Berge ableitete, denn im Schwäbischen heißt es: „Wer nichts wird, wird Wirt". Er änderte den Namen des Landes und seines Geschlechtes, indem er ein zweites „t" und ein vornehmes „ü" dem Namen hinzufügte. Auf schwäbisch heißt Württemberg aber immer noch Wirdeberg!

Auch der Schillerwein ist eine lokale Spezialität Württembergs. Er ist weder eine Rebsorte noch nach dem – in Marbach am Neckar geborenen – Dichter benannt. Seinen Namen hat er vom *Schillern,* dem Farbspiel zwischen Hellrot und Altgold. Der Weinart nach ein Rotling, entsteht er aus dem gemeinsamen Einmaischen roter und weißer Trauben. Seine Entstehung verdankt er einer weinbaulichen Eigenart Württembergs. Bis in unser Jahrhundert herrschte im Weinbau – wohl zur Risikostreuung – der gemischte Satz vor. Rote und weiße Traubensorten standen im Weinberg nebeneinander. Bei der Lese wurden sie meist nicht nach Sorten getrennt, sondern gemeinsam gekeltert.

Von Süßmündern und Zuckerle

Der Lagenname *Rietenauer Güldenkern* ist ein Ausdruck der Wertschätzung. Er leitet sich von *gülden,* was *golden* heißt, ab. *Kern* kann sowohl Frucht – hier das Korn – als auch den inneren harten Teil einer Frucht, oder im Dialekt der Gegend, Keller bedeuten. Die zusammengesetzte Form läßt an folgende Bedeutung denken: Hier gab es früher einen Keller (Erdgrube) mit Edelmetallfunden, die in etwa die Größe eines Fruchtkerns hatten.

Der *Kleinbottwarer Süßmund* war schon im 16. Jahrhundert in der Ortschronik als Lagenname bekannt. Süß bezieht sich hier wahrscheinlich auf die hervorragende Qualität der dort gewachsenen Weine.

Beim *Cannstatter Zuckerle* weist der Name ebenfalls auf die besondere Güte der Weine dieser Lage hin.

Der Lagenname *Hanweiler Maien* läßt verschiedene Deutungen zu. Zum ersten ist er der Hinweis auf die liebliche, freundliche Lage dieses Platzes. Zweitens kann er früher als Tanzplatz für den Maitanz gedient haben oder es wird der Ort bezeichnet, an den man früher ging, um den *Maien*, frisches Birkenblattgrün, zum Schmuck der Häuser zu holen.

Der *Asperger Berg* ist wohl die bekannteste Lage Württembergs. Der alleinstehende Berg verweist darauf, daß sie die älteste Weinbaulage der Gemarkung sein muß.

Beim *Heuholzer Dachsteiger* bezieht sich der Name auf den Steilhang, in dem die Lage liegt, der so steil wie ein Hausdach aufsteigt.

Es gibt die verschiedensten Deutungen, wie der Name *Neckarsulmer Scheuerberg* entstanden ist. Zum einen über die Form des Berges, der einem Scheunendach gleicht, eine andere Deutung geht auf das mittelhochdeutsche *schiure,* was Becher oder Pokal bedeutet, zurück. In etwa entspricht die Gestalt eines Teiles

Die Weingärten reichen von den Höhen herab bis zum Stadtgebiet Stuttgarts

des Berges einem Pokal oder aber *schiur* hat früher Schauer bedeutet und der Berg hat die Funktion einer Wetterscheide.

Die *Schozacher Schelmenklinge* hat ihren Namen von ihrer Form. *Schelm* ist der mundartliche Ausdruck für ein verendetes Tier, *klinge* steht im Schwäbischen als Ausdruck für einen scharfen Geländeeinschnitt. Mit Schelmenklinge wurde – bevor der Hang aufgerebt wurde – das Gelände bezeichnet, an dem die verendeten Tiere verscharrt wurden. Heute verbinden wir mit Schelm einen kleinen Narren. So hat sich auch der umgangssprachliche Gebrauch der Begriffe stark gewandelt.

Johann, Hans oder *Hannes* war ein im Mittelalter in Plochingen weitverbreiteter Vorname. Aus diesem Grund erhielten die Plochinger von ihren Nachbardörfern den Spitznamen *die Hansen*. Nach diesem Spitznamen ist der Lagenname *Plochinger Hansen* benannt.

Hansen und Bopser

Beim *Gerlinger Bopser* ist der ehemalige Besitzer namensgebend. Hier hatte ein lokales Adelsgeschlecht – die Bopser – Besitz.

Die Lage *Stettener Pulvermächer* wurde 1683 erstmals erwähnt. Vermutlich wurde der Weinberg nach der Berufsbezeichnung des Pulvermachers benannt oder aber hier war der ehemalige Standort einer Pulvermühle. Der Weinberg liegt ganz in der Nähe der Sandsteinbrüche von Stetten. Die hier durch Sprengung entstandenen Sandsteinblöcke wurden zum Bau des Schlosses verwandt.

Kleinheppacher Greiner war entweder der Nachname eines Besitzers oder sein Spitzname, da *greinen* im Dialekt *weinen, ärgerlich sprechen* oder *zanken* bedeutet.

Die Weinberge sind oft Diebstählen ausgesetzt. Von Mundraub über den Diebstahl der gesamten Ernte reicht das Spektrum. Der *Hößlinsülzer Dieblesberg* mag eine Verkleinerungsform von Dieb sein. Der Name geht entweder auf den Spitznamen eines ehemaligen Besitzers zurück oder auf kleinere Traubendiebstähle aus ihm. Möglicherweise ist es aber auch ein Wingert gewesen, in dem der Vogelfraß Jahr für Jahr besonders heftig war.

Beim *Eschelbacher Schwobajörgle* ist es der Spitzname eines ehemaligen Be-

Unter den endlosen Terrassen längs des Neckars finden sich so idyllische Weinorte wie Mundelsheim

sitzers, der dem Weinberg seinen Namen gab. Er fiel im Fränkischen als Schwabe besonders auf.

Irgendwo in Württemberg saßen einige Bürger beim Abendschoppen beisammen. Ein einfacher Bauer schimpfte und schalt auf die Steuern, die Regierung und das Kameralamt (Finanzamt). Sein andauerndes Geschimpfe ging den Honoratioren im Nebenzimmer auf die Nerven. Einer der Herren kam zum Stammtisch und fragte den unzufriedenen Schreier: „Wieviel Steuer haben sie denn zu zahlen, weil Sie so fürchterlich schimpfen?" „Fünf Mark soll i zahle!", brummte der zurück. Da griff der Herr in die Tasche, legte die fünf Mark auf den Tisch und sagte „So, hier haben Sie ihre fünf Mark, und hören Sie auf, andere Leute zu stören!" Der wies das Angebot barsch ab: „Noi, noi Herrle, des tät Ehne so passe! I laß mir mei Stuir net von Ehne zahle – i will schimpfe könne."

Weltliteratur von Goethe bis Uhland

Die Lage *Neckarzimmerer Götzhalde* hat ihren Namen von Götz von Berlichingen. Der *Ritter mit der Eisernen Hand* war eines der bekanntesten Rauhbeine seiner Zeit. In seiner Jugend hatte er im niederbayrischen Erbfolgekrieg 1504 seine Hand verloren. Von einem Dorfschmied ließ er sich seine berühmt gewordene eiserne Hand fertigen. Im Bauernkrieg 1525, vom Odenwälder Haufen gezwungen ihre Hauptmannschaft zu übernehmen, kehrt er der Rotte nach der Weinsberger Bluttat den Rücken. Verarmt und verbittert stirbt er mit 82 Jahren auf Burg Homberg. Fast blind geworden, hatte er seine Erinnerungen dem Burgkaplan diktiert. Diese Erinnerungen wurden in der Bearbeitung von Goethe berühmt und gingen so in die Weltliteratur ein.

Die Reformation ermutigte die Bauern, Widerstand zu leisten gegen die drückenden Abgaben und Steuern. 1524 rotteten sie sich überall im Land zusammen. Im Frühjahr 1525 wollten sich die Bauern ihr Recht selbst verschaffen, und sie begannen damit, Burgen und Schlösser in Brand zu stecken. Die Stadt Weinsberg wird von ihnen im April 1525 erstürmt, der Graf Ludwig von Helfenstein mitsamt 16 Edelleuten und 60 Knechten durch die Spieße gejagt und erschlagen. Unter ihrem Anführer Jäcklein Rohrbach wollten die Bauern gegen Herrenberg vorstoßen. Die Nachricht von der „Weinsberger Bluttat" hatte sich wie ein Lauffeuer im Land herumgesprochen. Der „Bauernjörg" genannte Oberst des Bundesheeres schlug das 20000 Mann starke Bauernheer bei Sindelfingen vernichtend, und der Anführer Jäcklein Rohrbach wurde bei lebendigem Leib verbrannt.

In Weinsberg gibt es neben den Lagen *Weinsberger Steinacker*, der wegen des steinigen Untergrundes so heißt, und

dem *Weinsberger Ranzen*, der von seiner an einen Ranzen erinnernde Form seinen Namen hat, noch viele historische Funde zu bergen:
Konrad von Staufen belagerte die Burg Weinsberg. Nach langer Belagerung wurde die Stadt zur Übergabe gezwungen und allen Männern, die sie verteidigt hatten, wurde der Tod angedroht. Den Weibern aber erlaubte der Kaiser, jede dürfe beim Abzug das Liebste aus der Stadt mitnehmen. Am nächsten Morgen zogen die Weiber von Weinsberg aus der Stadt, und jede hatte das Liebste auf dem Buckel was sie besaß, ihren Mann. Der kaiserliche Herr lächelte über soviel List und sprach: „Lasset sie in Frieden ziehen, an meinem Wort soll man nicht drehn noch deuteln.“

Die Lage *Lauffener Jungfer* war im Besitz eines Edelfräuleins oder eines Klosters. Allerdings kann mit *Jungfer* auch die Anlage einer neuen Rebfläche gemeint sein.

Ein Berg nach dem anderen

Der *Rotenberger Schloßberg* hat seinen Namen von dem Schloß auf dem Württemberg, das oberhalb dieses Weinberges liegt.

Die Lage *Oberstenfelder Lichtenberg* ist nach der einzigen Stauferburg benannt, die in den Kriegen der Stauferzeit nicht zerstört wurde.

Der *Wurmlinger Kapellenberg* ist benannt nach der Wurmlinger Kapelle, bekannt geworden durch das Gedicht von Ludwig Uhland.

Droben stehet die Kapelle,
schauet still ins Tal hinab,
drunten singt bei Wies und Quelle,
froh und hell der Hirtenknab.
Traurig tönt das Glöcklein nieder,
schauerlich der Leichenchor;
Stille sind die frohen Lieder
und der Knabe lauscht empor.
Droben bringt man sie zu Grabe,
die sich freuten in dem Tal;
Hirtenknabe, Hirtenknabe!
Dir auch singt man dort einmal.

Der *Heilbronner Starkberg* ist nach der Burg über der Stadt benannt. Hier soll sich auch die Sage vom Käthchen von Heilbronn abgespielt haben:
In einem Haus am Markt lebte einst der Waffenschmied Theobald Friedeborn mit seiner Tochter, die von allen nur das schöne Käthchen genannt wurde. Eines Nachts sah Käthchen im Traum einen schönen stattlichen Ritter, der sich ihr näherte und sie als seine Braut begrüßte.

Das Käthchen von Heilbronn

In derselben Nacht lag krank auf seinem Schloß der Graf Friedrich von Stahl, im Fieberwahn sah er ein Mädchen und ihm wurde verkündet, die Tochter des Kaisers sei seine Braut. Viele Monate gingen ins Land. Da mußte der Ritter in die

Dort, wo die Rebhänge immer steiler werden, liegt Hessigheim am Neckar

Waffenschmiede nach Heilbronn, denn seine Rüstung hatte eine Delle, die wollte er ausbessern lassen. Als er zur Tür eintrat, erkannte das Käthchen in ihm den Ritter aus ihrem Traum. Sofort fiel sie ohnmächtig nieder. Als sie sich von ihrem Schreck erholt hatte, lief sie eilig in ihre Kammer. Wie sie den Ritter wegreiten sah, stürzte sie sich vor seinen Augen vom Balkon und blieb mit gebrochenen Gliedern liegen. Lange kämpfte sie mit dem Tode, doch endlich genas sie. Da packte sie ihr Bündel und folgte dem Ritter wie ein treues Hündchen, überall dorthin, wo er ging und stand. Nichts konnte sie aus seiner Nähe vertreiben, selbst wenn der Graf sie ungerecht behandelte. Eines Tages belauschte sie der Ritter im Schlaf und erfuhr so ihr Geheimnis, daß sie ihn einst im Traum gesehen. Plötzlich erinnerte sich der Graf wieder an seinen eigenen Traum und nahm sie zur Braut. Zuletzt wurde noch offenbar, daß das Käthchen nur die Ziehtochter des Waffenschmiedes war. Ihr richtiger Vater war der Kaiser. Das Käthchen wurde als Prinzessin Katharina die Gemahlin des Grafen von Stahl.

Der Name *Stuttgarter Kriegsberg* ist seit 1294 belegt, seine Herkunft ist jedoch rätselhaft. Es ist nicht sicher, ob die Lage ihren Namen von einer Auseinandersetzung um sie oder von einem Heerlager auf ihr hat.

Der *Ensinger Schanzreiter* steht mit seinem Namen im Zusammenhang mit den ausgedehnten Schanzanlagen des Türkenlouis, die hier Ende des 17. Jahrhunderts angelegt wurden. Allerdings ritt auf der Schanzanlage niemals ein Reiter, um Nachrichten von Ort zu Ort zu bringen, und wenn, dann wurde die Lage nicht nach ihm benannt. Sie ist wohl eine dialektale Verballhornung von *reuter,* womit eine frisch gerodete Fläche bezeichnet wurde.

Wie man in Württemberg früher mit Meteorologen verfuhr, belegt die folgende Anekdote:

1552 gediehen die Weinreben im Raum Stuttgart besonders schlecht. Ein kaltes und verregnetes Frühjahr verhinderte das Austreiben, es sah alles nach einer Mißernte aus. Das mißliche Wetter wurde einem Wetterzauber von Hexen zugeschrieben. Man suchte und fand die Hexen. Nachdem ein Blutgericht abgehalten worden war und die Hexen unter Folterqualen gestanden hatten, die Weinberge mit einem Wetterzauber belegt zu haben, verbrannte man neun alte Weiber als Hexen. Bald darauf änderte sich das Wetter, es wurde mild und

Auch in den Steilhängen von Besigheim wird die urschwäbische Rebsorte Trollinger angebaut

schön und die Reben begannen auszutreiben, so daß die Ernte des Jahres gesichert war.

Der *Mundelsheimer Rozenberg* hat seinen Namen vom Flachs. Das althochdeutsche *röße* bezeichnet zunächst das Loch oder die Grube, in der Flachs und Hanf durch Einfluß von Sonne, Wind und Regen *geröstet,* das heißt zermürbt wurden, um damit spinnbar zu werden. Es kann mit diesem Namen aber auch eine Lage bezeichnet sein, die Sonne und Regen besonders hart ausgesetzt war.

Beim *Mundelsheimer Käsberg* war entweder die Bodenart namensgebend – Erdklumpen an den Baum- und Rebenwurzeln gleichen gelblich-weißem, fettem Käse – oder auf diese Lage mußte im Mittelalter Zins in Form von Käse abgegeben werden.

Die Bezeichnung *Endersbacher Happenhalde* hängt vermutlich mit dem Rebmesser des Weingärtners zusammen, welches mit *Hape* bezeichnet wird. Happendienste waren in Württemberg Handfrondienste im Weinberg. Mit *Happe* wird zudem eine Kinderflöte aus Baumrinde betitelt.

...und noch mehr Berge

Der *Kleinbottwarer Götzenberg* war vermutlich ein vorchristliches Heiligtum. Namen mit *Götze* verweisen in aller Regel auf Stellen, wo vor- oder frühgeschichtliche Funde gemacht wurden.

Der Name *Großheppacher Zügernberg* steht möglicherweise in Verbindung mit *zieter,* der Bezeichnung für die Vorderdeichsel am Pflug oder an der Egge. Vielleicht wurde das Holz zum Bau dieser bäuerlichen Geräte aus dem nahegelegenen Wald geholt. Eine andere Version besagt, daß diese Lage vor ihrer Aufrebung als Ziegenweide gedient haben könnte.

In Großheppach wurde nicht nur guter Wein, sondern auch im Gasthof zum Lamm Geschichte gemacht. Hier trafen sich – gut verborgen – drei der bedeutendsten Kriegsfürsten ihrer Zeit: der Herzog von Marborough, Prinz Eugen von Savoyen und Markgraf Ludwig von Baden (Türkenlouis). Das Ergebnis dieser Besprechung war der Sieg über die Franzosen und Bayern in der Schlacht bei Höchstädt im spanischen Erbfolgekrieg.

Die Herkunft des Namens *Obertürkheimer Ailenberg* ist unklar, er wurde 1297 erstmals als *Ölberg*, später als *Ehlenberg* belegt. Auf dem sich gegen das Neckartal deutlich abhebenden Bergvorsprung wurde ein alemannisches Fürstengrab gefunden. Später stand dort eine Wallfahrtskapelle. Der Sage nach wohnte dort der *Schlurger*, ein Nachtgespenst, das durch sein Erscheinen ein gutes Weinjahr ankündigte.

Brot und Wasser gibt Wein

Auch die Lage *Stettener Brotwasser* hat eine sagenumwobene Geschichte:
Im Mittelalter wurde Brot nur alle zwei bis drei Wochen gebacken. Damit man das altbackene Brot noch essen konnte, wurde es mit Brotwasser wieder weich gemacht. Das war ein mit Anis versetztes Wasser, das in Krügen auf dem Tisch stand und in die dann das Brot gestippt wurde. Bei Hofe war Weintrinken reine Männersache. Der Genuß von Wein soll an der Tafel des Herrschers tabu gewesen sein.

Eine Hofdame, möglicherweise sogar die Herzogin selbst, hatte eine Idee, wie sie das Verbot umgehen könnte. Sie ließ in ihren Brotwasserkrug Wein einfüllen und konnte so den Wein zwar nicht trinken, doch so wenigstens stippen.

Elf Finger oder der Erfindungsreichtum der Mönche

Eine andere Sage erzählt, wie der *Maulbronner Eilfingerberg* zu seinem Namen gekommen sein soll:
Die Mönche des Klosters Maulbronn fristeten vor 850 Jahren ein karges Leben. Sie mußten mit fünf Stunden Schlaf auskommen, schliefen in ungeheizten Räumen und wurden schlecht verköstigt. Dieses harte Leben führte dazu, daß viele von ihnen schon in jungen Jahren starben.

Die einzige Freude in ihrem Leben war der Genuß von Wein. Schlimm traf es sie in der Fastenzeit. Außer Fisch, Brot und Wasser war ihnen nichts erlaubt. Da hatte ein pfiffiger Mönch eine Idee: Es sei ihnen ja nur verboten, den Wein zu trinken, zu schlecken, sei erlaubt. Also schlugen die Mönche von Maulbronn ein Loch in die Wand ihres Refektoriums, legten eine Rinne von der Wand bis zu einer Säule.

Auf diesen Rinnen ließen sie dann den Wein hinunterlaufen. So liefen die Mönche um die Säule, steckten ihre Finger in die Rinne und schleckten sie ab. Wenn sie den Wein schon nicht trinken konnten, so hatten sie doch den Geschmack. Ein Mönch rief dabei aus: „Da müßt man elf Finger haben statt zehn“.

Der Name *Brackenheimer Zweifelberg* geht auf Unklarheiten bei der Grenzziehung der Grundstücke oder von Rechten und Pflichten der Besitzer zurück.

Mit einem Viertele – im Henkelglas – Trollinger oder Schillerwein in einer Besenwirtschaft sitzen und mit Freunden reden – so läßt es sich in Württemberg leben. Die zahlreichen Lagennamen Württembergs erzählen uns von der Weinkultur und -tradition, die hier seit Jahrhunderten gepflegt wird.

Weinnamen in Europa

Schon die Weinbauern der Antike wußten, daß der Geburtsort des Weines seine Eigenart und seinen Charakter wesentlich prägt. Allerdings entwickeln in den von der Sonne verwöhnten Mittelmeerländern die Reben Weine mit über Jahrzehnten unverändertem Sortencharakter, so daß entweder die Angabe der Region, aus der der Wein stammt, oder die Nennung seiner Rebsortenzusammensetzung dem dortigen Weinliebhaber ausreicht, um ihm eine Vorstellung zu vermitteln, wie sich der Gesamteindruck dieses Weines darstellen wird.

Je nördlicher Wein angebaut wird, desto stärkeren Einfluß haben die jeweils unterschiedlichen Landschaftsformen, das abwechslungsreiche Mikroklima und die Bodenarten für Geschmack und Qualität, so daß damit auch die Notwendigkeit individuellerer Lagenbezeichnungen wächst, um den Wein charakterisieren zu können.

Auch die nicht oder nur in geringem Maße weinanbauenden Länder der Europäischen Union haben durch ihre Stellung als Weinhändler, Importeure oder Konsumenten im Laufe der Jahrhunderte in verschieden starkem Ausmaß Einfluß auf die Qualitätsentwicklung, Geschmacksprägung und natürlich auch die Namensgebung der Weine gehabt.

Belgien

Im Mittelalter benötigten Klöster und Kirchen Wein für den Kult und die Messe. Die Wasserqualität war mehr als mäßig, Seuchumzüge die Regel. Der Weinhandel über See war gefährlich und teuer, die Nachschubwege nicht sicher. Wollte man sich auch höher im Norden noch mit Wein versorgen, brauchte man eigene Weinberge. So wurde Wein in Gegenden angepflanzt, wo er sicher niemals zur vollen Reife gelangen konnte. Lüttich, Naumur und Brabant, der Hennegau und Antwerpen waren Weinbauregionen.

Als Brabant in Personalunion mit dem Herzogtum Burgund vereinigt wurde, begann der Niedergang des Weinbaus in

Belgien. Durch die Wirren der Kriege wurde die Weinbaufläche stark in Mitleidenschaft gezogen. 1659 wurden die Belgier in einem Vertrag zwischen Frankreich und Spanien gezwungen, den Weinbau aufzugeben. Belgien wurde von einer weinanbauenden zu einer weinimportierenden Nation. Ähnlich wie die Holländer führten sie nun Weißweine vom Rhein und Rotweine aus Bordeaux und Burgund ein.

Neue Transportwege bringen Weine aus ganz Europa

Seit einigen Jahren pflegen einige Hobbywinzer den Anbau von Trauben auf ungefähr zehn Hektar. Die Produkte können verkostet werden. Teilweise werden hier auch Trauben aus der Unterglasproduktion verwendet. Es besteht auch noch ein Demonstrationsweinberg des Naturschutzvereins *Association Ardenne et Ganne*. Hier werden die mittelalterlichen Methoden des Weinanbaus dem interessierten Beobachter anschaulich vor Augen geführt.

Weinbau spielt jedoch für Belgien nur eine marginale Rolle. Es ist das Land der Biere. Seine relativ laxen Weingesetze erlauben zudem die Produktion von Kunstwein. Es bleibt abzuwarten, wie sich der Hobbyweinbau in Belgien entwickeln wird - als Experiment ist er sicherlich interessant. Als Absatzmarkt für Wein bester Qualität gilt es Belgien zu erobern, sein Ruf als Land der Gourmets und Gourmands steht hierfür.

Frankreich

Für die meisten gilt Frankreich als das bedeutendste Weinbauland der Welt, was die Größe seiner Weinproduktion, die Vielfältigkeit seiner Spitzenweine und seine Weinbautradition angeht. Die Kelten kannten den Weinbau im kleinen Stil, über die Kontakte, die sie mit den griechischen Kolonien wie Marseille hatten. Die französische Weinbautradition wurde jedoch von den Römern begründet. Nachdem sie Gallien um 50 vor Christus erobert hatten, begannen sie hier Weinberge anzulegen. Der gallische Wein errang bald eine Sonderstellung an den Tafeln Roms.

In den Wirren der Völkerwanderung drohte der Weinbau und die Weinbautradition unterzugehen. Karl der Große gehörte dann zu den großen Förderern des französischen Weinbaus. Er hatte erkannt, daß in den Klöstern die Kenntnisse und Techniken überlebt hatten. Er ließ überall neue Weinberge anlegen.

Die unterschiedlichen französischen Weinbauregionen haben eine unterschiedliche Entwicklung genommen. Gemeinsam ist ihnen, daß ihre Ursprünge in den mittelalterlichen Klöstern liegen. Französische Weine gingen von Anfang an in den Handel – England und Irland gehörten zu den Hauptabnehmern. Bis zur Mitte des 18. Jahrhunderts wurde ein süßer, schwerer Weiß- oder Rotwein bevorzugt. Die Weine konnten wegen mangelhafter Kellertechnik nicht stabil gehalten werden, aus diesem Grund wurde der Most zuerst gekocht, bevor er der alkoholischen Gärung ausgesetzt wurde. Um den Wein haltbarer zu machen, wurde er oft mit Branntwein versetzt.

Das goldene Zeitalter für Frankreichs Weinbau

Den Begriff *goldenes Zeitalter* für den Weinbau im Frankreich des 19. Jahrhunderts zu verwenden ist legitim. Die Klassifizierung von 1855 gilt heute offiziell noch genauso, wie sie zuerst veröffentlicht wurde. Die einzige Ausnahme bildet im Bordelais der *Mouton-Rothschild,* der von seiner ersten Stelle unter den *Deuxièmes Crus* in den Rang eines *Premier Crus* befördert wurde. Mouton wurde im 18. Jahrhundert vom Baron de Brane gegründet, der das Weingut von der Familie de Ségur erwarb. Nach mehreren Besitzerwechseln gelangte das Weingut 1855 in den Besitz der Familie Nathaniel Rothschild. In dieser Zeit wurde das Médoc gerade von einer Mehltauplage heimgesucht.

Der Unterschied zwischen *Premier Crus* und *Deuxième Crus* ist vor allem ein zeitlicher. Die Weinberge, die als *Premier Crus* klassifiziert wurden, waren jene, die als erste angelegt worden waren. Allerdings hielten die *Premier Crus* ihre Qualität von Jahr zu Jahr und hatten weniger qualitative Schwankungen, als die anderen Klassifizierungen.

Das französische Klassifizierungssystem

Das französische Klassifizierungssystem kann nur bedingt mit denen anderer Länder, zum Beispiel dem deutschen, verglichen werden. In Deutschland kann jeder Winzer seine Weine, von denen er glaubt, sie hätten die Qualität, zur Prüfung als Prädikatswein anstellen. In Frankreich werden die Gütesiegel AC und VDQS nur an solche Weine vergeben, die von einer geographisch klar abgegrenzten Fläche stammen. Das Chaptalisieren des Mostes, also das Hinzufügen von Zucker, ist in Frankreich, im Gegensatz zu Deutschland, ebenfalls erlaubt.

Die *Appellation Controlée* ist in etwa dem deutschen Prädikatswein vergleichbar. In jedem AC-Gebiet sind bestimmte Anbaunormen verbindlich, die den Anbaubezirk, die Rebsorten und den genehmigten Maximalertrag betreffen.

VDQS, AC und Vin de pays

Vins Délimités de Qualité Supérieure sind übersetzt Weine höherer Qualität aus bestimmten Anbaugebieten. In der Hierachie der französischen Weine sind sie eine Qualitätsstufe unterhalb der AC-Weine angesetzt. Die Fläche eines VDQS ist größer als die einer AC und beinhaltet ein ganzes Gebiet oder eine Region. Der Wein muß zu 100 Prozent aus dem angegebenen Ursprungsgebiet stammen und den festgesetzten Bedingungen entsprechen. Hat das Etikett den Zusatz *Vin de pays* handelt es sich um einen Landwein bestimmter Departements oder Regionen. Er darf nur aus bestimmten Rebsorten gekeltert werden. Verschnitt ist bei ihnen ebensowenig gestattet wie Chaptalisation.

Das Elsaß unterscheidet sich von der französischen Tradition, statt der Orte werden meist nur die Rebsorten angegeben, bei wenigen Ausnahmen haben sich Orts- und sogar Lagennamen erhalten. Eine klassifizierende Unterscheidung wird nur nach den Rebsorten vorgenommen.

Bordeaux sprengt alle Größenordnungen

Das Bordelais ist das größte zusammenhängende Weinanbaugebiet Europas, wenn nicht sogar der Welt. Seine Ernte umfaßt mit etwa 3,3 Millionen Hektoliter Ertrag soviel wie alle deutschen Weinanbaugebiete zusammen. Es bringt nicht nur den meisten Wein, sondern auch mehr gute und sehr gute Weine hervor als jede andere Weinregion Europas.

1570 wird von Pierre de Lestomac in der Gegend des Médoc begonnen, kleine Parzellen Land zu kaufen und zu einem großen Gut zu verbinden, heute noch bekannt als *Château Margaux*. 1650 hatten seine Erben die Umwandlung eines ehemaligen zersplitterten feudalen Besitzes in ein Landgut moderner Prägung vollzogen.

In den trockengelegten Kiesböden des Gironde-Deltas wurden neue Rebflächen angelegt. Nicht mehr wild durcheinander wuchsen die Reben in den neu angelegten Weingärten, sondern in gerade ausgerichteten Reihen, die die Arbeit im Weinberg erleichterten. Auch wurden nicht mehr rote Trauben mit weißen vermischt in einem Weinberg angebaut, sondern es wurde auf Sortenreinheit geachtet.

Ins 17. Jahrhundert datiert die Erfindung der *Château*-Weine, deren Prototyp der *Haut-Brion* darstellt. In diesem Jahrhundert hatte sich ein starker Winter verheerend auf die Weinberge ausgewirkt, bei Temperaturen um -18°C waren die meisten Rebstöcke erfroren. Arnaud des Pontac bediente sich einer Art Marketingmittel, indem er erstmals einem Wein die Bezeichnung *Premier Cru* gab. Der Weinberg wurde in einem größeren geschlossenen Block bewirtschaftet, die Trauben wurden auf die Maische gelegt, er benutzte die Innovationen der Kellertechnik. Die Fässer wurden immer randvoll gehalten, so kam der Wein nicht in Kontakt mit Luft. Er benutzt den Schwefelspan, um Fässer frei von Bakterien zu halten. Der Wein wird von ihm in neuen Fässer gelagert und er selektioniert sorgfältig das Lesegut. Erstmals in der Geschichte der Bordeauxweine hatte ein Wein einen eigenen Geschmack, unterschied sich deutlich vom Gros des bis dahin angebotenen.

Die besten Châteaux

Die amtliche Klassifizierung der *Crus*-Lagen erfolgte dann 1855. Die als beste *Château*-klassifizierten Weingüter sind nach wie vor:
Château Lafite-Rothschild, Château Mouton-Rothschild, Château Latour, Château Margaux.

Die großen Weine des Bordeaux sind, im Gegensatz zu den deutschen, keine rebsortenreinen Lagenweine, sondern meist eine Cuvée verschiedener Rebsorten, die einen bestimmten Weintypus charakterisieren. Im Bordelais werden die Weine aus unterschiedlichen Prozentsätzen der Trauben *Cabernet-Sauvignon, Merlot, Cabernet-Franc* und *Malbec* zusammengestellt. Teilweise werden die Trauben auch direkt gemeinsam gekeltert und vergoren. Wieviel Prozent von welcher Traube im Wein sind, ist das jeweilige Geheimnis des Weingutes und macht auch den Unterschied in der Qualität der verschiedenen Weine aus.

Das *Château d'Yquem* hat 90 Hektar Rebland und ist seit 1785 in Familienhand, seine berühmten Weine sind eine Cuvée aus *Sauvignon* und *Sémillon,* die gemeinsam gekeltert werden. Im Sauternes-Gebiet werden die edelfaulen Beeren dreifach ausgelesen. Alle guten Weine des Bordeaux sind Château-Weine. Jedoch nicht alle Château-Weine sind gute Weine. Oftmals wird ein Phantasienamen erfunden, um den Wein im europäischen Markt besser vermarkten zu können.

Burgund, ein Weinland zum Träumen

Eines der traditionsreichsten Weinbaugebiete ist das Burgund. Der Unterschied der verschiedenen Lagen Burgunds war schon den Valois-Herzögen bekannt. Die Kenntnis dürfte auf die Klöster und Kirchen zurückgehen. Für die Weinbaukunst Burgunds steht *terroir* in einer fast mystischen Bedeutung. Es steht für die Einheit aus Boden, Lage und allen Facetten der Umwelt, in der der Weinstock steht.

Die Zisterzienser, die in Burgund Weinberge anlegten, schufen den Begriff des *climat*. Ein Flurname bezeichnet einen Weinberg, der mit Stil und Wert des auf ihm wachsenen Weines gleichgesetzt wird. Mit *clos* wurde ein eingefriedeter, umhegter Weinberg bezeichnet. Die großen französischen Klöster besaßen im Mittelalter das meiste Land an der *Côte d'Or,* die zu dieser Zeit in Hunderte von *climats* aufgeteilt war.

Die Namen sind Legenden

Die edelsten, besten und teuersten Burgunder wachsen im Gebiet zwischen Dijon und Chagny. Das Gebiet des teuersten Burgunder beginnt im *Gevrey-Chambertin*. Alle Weinberge liegen an der *Côte d'Or*. Nördlich und südlich von Beaune gibt es kaum Weingärten ganz großer Qualitäten, dort wachsen jedoch die meistgekauften Burgunder. Neben ihren berühmten Rotweinlagen beherbergt die *Côte de Beaune* die gleichfalls bekannten Weißweinlagen von *Meursault, Puligny-Montrachet* und *Batard-Montrachet*.

Im *Chablis* werden aus der Chardonnay-Rebe trockene Weißweine mit zartem Bukett und gelb-grünlicher Farbe gewonnen. An der *Côte d'Or*, die das Herzstück des Weinbaugebiets ist, ein etwa 50 km langer, unregelmäßiger Steilabbruch zur Talfläche der Saône zwischen Dijon und Santenay, wird überwiegend Pinot Noir angebaut – ebenso wie an der *Côte de Nuits*. Die an der *Côte de Beaune* überwiegend angebaute Rebe ist der Chardonnay. Die Klassifizierung der Reblagen erfolgte 1855. Sie wurden damals in *Grand Cru, Premier Cru, Appellation Communal* und *Appellation Bourgogne* eingeteilt.

Wird der Ortsname allein gebraucht, so hat seit eh und je ein besonderes Interesse nach seinen Weinen bestanden. Der Ruhm der anderen Orte konzentriert sich auf ihre großen Lagen, die *têtes de cuvées* oder die *Grands Crus*.

So ist es für das goldene Zeitalter von Burgund nur logisch, daß der Wunsch entstand, auch Weine aus den anderen Lagen dieser Orte marktgängiger zu machen. Burgunderwein konnte nicht nur unter den Namen *Beaune* oder *Chambertin* verkauft werden.

Nach 1860 wurde allen Orten gestattet, den Namen ihrer berühmtesten Lage ihrem Ortsnamen anzuhängen. *Nuits* wurde so zu *Nuits-St-Georges, Aloxe* zu *Aloxe-Corton* und *Puligny* zu *Puligny-Montrachet*. Eine Spezialität Burgunds ist der *Bourgogne passe-tout-grain,* ein Rotweinverschnitt aus zwei Dritteln Gamay und einem Drittel Pinot noir.

Im *Beaujolais,* das sich weiter im Süden anschließt, wächst ein leichter harmonischer Rotwein. Die Gemeinden, die *Beaujolais Villages* abfüllen dürfen, sind momentan auf 35 beschränkt, 9 Dörfer dürfen ihre Weine als *Grand Cru* verkaufen.

Das Feld von Bertin

Der *Chambertin* war einst der Lieblingswein Napoleons, mit dem er immer seine Siege zu feiern pflegte.
Im 7. Jahrhundert vermachte der Duc Amalgaire der Abtei de Bèze einen Weinberg in Burgund, der von da an Clos de Bèze genannt wurde. Die Qualität des von Mönchen produzierten Weines suchte seinesgleichen in Frankreich, was einen Winzer Namens Bertin oder Bertuin veranlaßte, es ihnen auf einem benachbarten Feld nachzutun. Er verwendete hierzu die gleichen Pflanzen und Methoden wie die Mönche. So entwickelte sich aus dem champ de Bertin (das Feld von Bertin) der Chambertin.

Der Name *Chambolle-Musigny* kommt von einem kleinen Bächlein, das durch diese Rebanlage fließt. Es nimmt nach Gewitterregen reißende Formen an, woher die alte Bezeichnung *Champ bouillant* kommt. Im Laufe der Jahrhunderte schliff sich das *Champ bouillant* zu *Chambolle* zusammen. Der *Musigny* ist schon in Urkunden des 11. Jahrhunderts erwähnt.

Der *Clos de Vougeot* ist in seiner ganzen Größe von 48 Hektar ummauert, von Zisterziensern im Mittelalter angelegt. *Clos* haben den Vorteil, daß die Mauern den Wind abhalten und sich ein eigenes Mikroklima bilden kann, das sich von dem der Umgebung deutlich unterscheidet. Schon die Zisterziensermönche des Mittelalters machten hier im Clos de Vougeot jedes Jahr drei Cuvées: Die Cuvée der Päpste aus den oberen besten Lagen, die Cuvée des Königs von den mittleren Lagen und die Cuvée der Mönche, die aus der Ernte des gesamten unteren Teiles gekeltert wurde.

Schneller als die Pompadour

Der *Romanée Conti* gehört zu den teuersten Burgundern. Sein Name verrät, daß er schon von den Römern angelegt wurde. Die Mönche des Klosters St. Vivant, die Geld für die Kreuzzüge des Papstes brauchten, verkauften ihn an die Familie de Croonenburg. Die veräußerten ihn in der Zeit Ludwigs XV. an den Prince de Conti, der ihn Madame Pompadour vor der Nase wegschnappte. Prince de Conti gab ihm seinen noch heute gültigen Namen.

Die Weine des Hospiz

Das *Hospice de Beaune* wurde 1443 von den Herzögen von Burgund der Öffentlichkeit übergeben. Fromme und weniger fromme Weingutsbesitzer und Weinhändler oder aber solche, die mit ihrem Gewissen in Konflikt gelegen hatten und sich nun, im Angesicht des Todes, ein Plätzchen im Himmel sichern wollten, vermachten dem Hospice de Beaune in ihrer Sterbeurkunde einen Weinberg. So kam das Hospice zu einer bemerkenswerten Vielfalt berühmter Lagen und Clos. Die Erträge aus den Weinversteigerungen und dem Weinverkauf gehen nach Abzug der Unkosten in die Krankenpflege des Hospice. In einer Zeit, als das Wasser kranker machte als jeder Wein, wurden die Kranken des Hospice mit Wein aus seinen Kellern versorgt. Das hat sich heute verändert.

Die Weißweinlage des *Corton Charlemagne* soll ihren Namen von Karl dem Großen haben. Der habe gerne den Burgundern zugesprochen, allerdings habe sich beim Trinken von Rotwein sein weißer Bart manchmal durch einige Tropfen rot gefärbt, was seiner Frau nicht gefallen habe. So ließ der Kaiser, hier in den Rotweinlagen, einen Weinberg mit Weißweinreben bepflanzen, damit sein Bart immer schön weiß blieb.

Die Landschenkungen in der Zeit der Kreuzzüge waren ein Grund dafür, daß die Kirche immer mehr Land in ihren Besitz bekam. Die um ihr Seelenheil besorgten Kreuzritter vermachten ihr Land der Kirche, falls sie sündig in einer Schlacht fallen sollten. So sahen sie ihr Seelenheil gesichert.

Der Gegenpapst und sein Weinberg

Ein weiterer Grund für den Ruhm der Weine Burgunds liegt in den Jahren der Kirchenspaltung. Klemens V. errichtete in Avignon das Gegenpapsttum zu Rom. Die Kirchenspaltung dauerte über 70 Jahre an, und böse Zungen behaupten, die Päpste in Avignon hätten nur so lange durchgehalten, weil sie sich mit Burgunder stärken konnten. Sie sprachen dem Wein so zu, daß Urban V. eine Bulle erließ, in der dem Abt von Citeaux bei der Strafe der Exkommunizierung verboten wurde, auch nur einen Tropfen *Beaune* – so wurde der Burgunder damals genannt – nach Rom zu senden. Um das neue Schloß des Papstes nördlich von Avignon wurden Weinreben gepflanzt. Der Weinberg trägt deshalb auch heute noch den Namen *Châteauneuf-du-Pape* und gehört zu den besten Lagen der *Côtes du Rhone.*

Soweit die Legenden und Geschichten, die ausdrücken können, welche Wertschätzung Frankreichs Wein durch die Jahrhunderte hindurch bei den Großen und Mächtigen der Welt innehatte.

Griechenland

Weinbau war im antiken Griechenland außerordentlich beliebt. Es war damals als *Arkadien* eine gesegnete Landschaft mit einem Überfluß an Wein, Öl und Getreide. Die Kenntnis über den Anbau von Wein und die Kunst der Weinherstellung wird von den griechischen Seefahrern in der ganzen damals bekannten Welt verbreitet.

Dionysos, der Gott des Weines, versprach seinen Schülern die ewige Glückseligkeit. Um der Gabe dieses Gottes teilhaftig zu werden, sollten seine Anhänger – je nach ihrem Charakter und ihrer Konstitution – davon genießen und den heiligen Rausch erleben. Eine wichtige Rolle spielte der Wein beim antiken Gastmahl. Es wurde zwischen *Deipnon* (Mahlzeit) und *Symposion* (gemeinsames Trinken) unterschieden. Der dionysische Verbrüderungsakt bedeutet Aufgeschlossenheit für die Sinnesfreude, doch soll das Gleichgewicht zwischen Genuß und Ordnung gewahrt werden.

Nicht pur, aber dafür mit Blei

Der Wein wurde nicht pur getrunken, noch weniger hastig (wie Barbaren es tun). Der Symposiarch teilte den Wein zu und verfügte das Mischungsverhältnis von Wasser und Wein. Das Mischen des Weines mit Wasser war damals wichtig, den Wein pur zu trinken hätte den Trinker rasch dem Rausch ausgesetzt. Man kannte weder das Geheimnis der alkoholischen Gärung, noch wußte man, wie der Wein stabil gehalten werden konnte. So wurde für die meisten antiken Weine der Most gekocht, die Gärung lief reichlich unkontrolliert ab. Um den unangenehmen Geschmack zu übertönen, wurde der Wein mit Honig, Harz und Blei gesüßt und haltbar gemacht. Die Haltbarmachung mit Blei war gesundheitlich bedenklich, er führte zu einer Bleivergiftung.

Im antiken Griechenland kannte man schon die Rebsorten, die sich mit fast unveränderter Form bis heute erhalten haben. In der arkadischen Gartenlandschaft stand die Rebe gleichberechtigt neben Ölbäumen und Weizenfeldern. Die Anordnung der Rebstöcke war damals die gleiche wie heute, in Parallelreihen mit gleichmäßigen Abständen. Heute erstreckt sich der griechische Weinbau auf etwa 180 000 Hektar. Etwa die Hälfte entfallen davon auf die Produktion von Trauben zur Weinproduktion, ein Fünftel auf Tafeltrauben und der Rest auf Trauben für die Rosinenherstellung.

Der Weinbau in Griechenland wird unter außerordentlich günstigen Bedingungen betrieben. Kalkhaltige, arme Böden bringen verhältnismäßig geringen Ertrag, aber gute Qualität hervor. Die Landschaften Griechenlands unterscheiden sich in ihren mikroklimatischen und ökologischen Bedingungen, und so bringt jede Region einen Wein von ganz besonderem Charakter hervor.

Die Weine Griechenlands sind unter dem Namen ihres Anbaugebietes im Handel. Es wird unterschieden zwischen Markenweinen, die unter verschiedenen Namen im Handel sind, und Weinen bestimmter Anbaugebiete, die denen der Appellation Controlée Frankreichs entsprechen. Dies sind Weine, die typisch für ein Gebiet sind, aus einem genau bestimmten Weinbaugebiet und von ausgewählten Rebsorten stammen müssen und die nur nach speziellen, gesetzlich erlaubten Techniken angebaut werden dürfen.

Traditionelle Herstellung und hohe Qualität

Er sollte nach den traditionellen Methoden der Region hergestellt, gelagert und behandelt werden. Diese gesetzlichen Bestimmungen sind streng und geben dem Verbraucher die Gewißheit, unter dieser Bezeichnung ein Produkt garantierter Herkunft und Qualität zu finden.

Schon in der Antike wurden die Weine Griechenlands unter ihrer Herkunftsbezeichnung gehandelt. Diese Gewohnheit hat sich in den letzten dreitausend Jahren allgemein durchgesetzt und ist von den anderen weinbautreibenden Nationen übernommen worden. Die Produktion dieser Weine – wie der Muscatwein *Lemnos*, die Weißweine von *Mantina* etc. – macht knapp ein Achtel der griechischen Produktion aus. Sie kommen mit Kontrollnummer und Siegel versehen in den Handel. Die übrige Weinproduktion wird unter Markennamen verkauft. Hier werden Weine verschiedener Sorten und verschiedener Regionen miteinander verschnitten. Solche Weine werden immer wieder dem schwankenden Geschmack der Kundschaft angepaßt.

Harzwein mit ältestem Originaltitel

Retzina, der berühmte volkstümliche Weiß- oder Roséwein Griechenlands, ist eines der bekanntesten Produkte dieses Landes. Er wird aus weißen, manchmal auch aus roten Trauben, die nur kurz abgepreßt wurden, hergestellt. Vor oder nach der Gärung wird ihm Pinienharz zugegeben, das vor dem Abstich entfernt wird. Die Versetzung des Weines mit Harz geht auf die Antike zurück, als man die Amphoren mit Gips oder Harz verschloß. Da die Weine nun nicht mehr der Luft ausgesetzt waren, waren sie länger und besser haltbar.

Erst seit Pasteur weiß man um den schädlichen Einfluß der Luft bei der alkoholischen Gärung. Die bessere Haltbarkeit des Weines schrieb man der aseptischen Wirkung des Harzes zu. Für Harzwein wird überwiegend die Traubensorte *Savatiano* verwendet, die mit dem Harz der Alepo-Föhre versetzt wird. Er wird noch immer in der Gegend von Euböa und auf dem Peloponnes hergestellt – dort wo auch schon in der Antike seine Herstellungsorte waren. Der *Retzina* ist ein traditioneller Tafelwein mit dem ältesten noch in Gebrauch befindlichen Originaltitel.

Herkules' Blut und Mavrodaphne von Patras

In den Weinbergen Nemeas – ein streng begrenztes Gebiet – gedeihen die Trauben der roten *Agiorgitiko*-Rebe. Sie bringt einen trockenen, gehaltvollen Rotwein mit dunkelroter Farbe hervor, dem die Bauern den Beinamen *Blut des Herkules* gegeben haben.

Mavrodaphne von Patras – die Weine mit dieser Herkunftsbezeichnung dürfen nur in den Hängen von Patras wachsen. *Mavrodaphne* ist eine alte Rotweinrebe, aus der traditionell ein Likörwein gekeltert wird. Die Rebe verleiht dem Likörwein ein Aroma, das ihn deutlich von anderen Weinen unterscheidet. Der Wein selbst braucht eine längere Reifephase im Holzfaß.

Der weiße Likörwein von Patras, *Muscat Rion* genannt, wird aus der Muskatellertraube gekeltert. Sie verleiht dem Wein sein typisches Muskatelleraroma. Der Kalkboden ist besonders gut für diese Traube, er verleiht ihr einen eigenen Geschmack.

Das königliche Rezept des Orakels von Delphi

Die Nachfahren der antiken *Malvasier* sind die Rotweine Kretas. Hier wird in einer Höhe von 600 Metern die Rebsorte *Liatiko* gezüchtet, die sehr kleinbeerig ist.

Der Sage nach soll auf Kreta, im Palast von Minos, in riesigen Gefäßen der Wein der Malvasier hergestellt worden sein. Nach einem Rezept, das das Orakel von Delphi dem König selbst anvertraut hatte.

So geheimnisvoll ist die Zubereitung dieser Weine heute nicht mehr. Doch es gibt wenig europäische Weine, die auf eine so lange und ungebrochene Tradition ihres Anbaus verweisen können, wie die Griechenlands.

Großbritannien

Auch wenn sich manches über Großbritanniens eigene Weinbautradition im Dunkel der Geschichte verliert, eines ist sicher: die Briten haben über lange Zeit selbst Wein produziert. In Dorset wurden Überreste römischer Weinbautradition gefunden. Nachdem Britannien von Roms Legionen erobert und befriedet worden war, legten die Römer im Süden Englands Weinberge an. Nach der Eroberung durch die Sachsen wurde der Weinbau von den im Lande lebenden Kelten weiter betrieben. Im Jahre 955 vermachte König Edward der Abtei von Glanstonburry einen Weinberg, die Urkunde hierüber ist heute noch erhalten.

Nach der Eroberung durch die Normannen 1066 wurde der Weinbau in England ausgebaut. Aus Frankreich kamen religiöse Orden ins Land. Von Somerset bis Essex wurde Wein angebaut. Eine Karte, die uns die mittelalterlichen Klöster und Abteien zeigt, ist zugleich eine Karte der englischen Weinberge.

Die englischen und walisischen Abteien benötigten den Wein für die Sakramentshandlung, als Medizin – Würzwein wurde zur allgemeinen Stärkung eingesetzt – und um die große Zahl von Pilgern mit Wein zu versorgen. Wein war neben Bier das Hauptgetränk des Mittelalters, denn das Wasser war zu schlecht, um es gefahrlos zu trinken.

Als Heinrich IV. Eleonore von Aquitanien heiratete, brachte diese als Mitgift Aquitanien mit, was auch die Weinberge von Bordeaux umfaßte. Bordeaux wurde *englisch,* seine Weine unterlagen keiner Steuer mehr, der billigere und möglicherweise bessere Bordeaux-Wein brachte den heimischen Weinbau fast zum Erliegen. Pest und Bürgerkriege vernichteten zudem die Weingärten Englands. Unter Heinrich VIII. brach die englische Weinbauindustrie vollkommen zusammen. Da der Papst in Rom seine Scheidungen nicht akzeptieren wollte, löste der Herrscher die englische Kirche von Rom. Der Besitz der Abteien wurde der Krone zugesprochen.

Der Weinbau konnte in den Landgütern des Adels in geringem Ausmaß überleben. Einen Aufschwung nahm er erst wieder ab 1951. Sir Salisbury-Jones – vorher Militärattaché in Frankreich – begann 1951 mit der Neuanlage eines Weinberges in *Hampshire.* Er pflanzte auf zwei Hektar Chardonnay und Pinot Noir an.

1967 gab es ungefähr 25 Weingärtner, die sich zur *English Wine Yards Asso-*

ciation zusammenschlossen. Heute gibt es etwa 430 Weingärten im Vereinigten Königreich, die knapp über 1000 Hektar bedecken. Sie erstrecken sich zwischen *Durham, Leeds, Lands End* und *Suffolk.*

Ein Problem ist das britische Klima, vor allem die nassen Frühjahrstage und Sommer. Aus diesem Grund konzentriert sich der Weinbau in Großbritannien auch in Südengland, wo das Wetter besser ist. Trotzdem ist eine Anreicherung des Mostes notwendig. Etwa ein Drittel der Weingärten werden von Hobbywinzern gepflegt, die am meisten verbreitete Rebsorte ist der Müller-Thurgau. Die Weine kommen unter dem Namen des Weingutes in den Handel. Die englischen Weine sind von leichter, frischer Art, überwiegend durchgegoren und von delikatem Duft. Sie warten nur darauf, vom Kenner entdeckt zu werden.

Irland

In Irland konnte nach dem Untergang des Römischen Reiches das Christentum überleben, da die Insel nicht in die Wirren der Völkerwanderung geriet. Die irischen Mönche versorgten sich und ihre Klöster, indem sie Reisen an die Loiremündung unternahmen und mit Schiffen voller Wein zurückkehrten. Die Mönche mögen zwar in den Klostergärten Reben angepflanzt haben, um daraus Wein zu gewinnen, der für den Kult benötigt wurde. Eine Weinbaunation wurde Irland dadurch nicht, dazu waren die klimatischen Verhältnisse zu schlecht.

Die Mönche Irlands hüteten einen anderen Schatz, den Schatz des Wissens. In ihren Klöstern kopierten sie die Schriften, die die Kenntnis über den Weinbau von der Antike in die mittelalterliche Welt weiterreichten. Als sie begannen, den Kontinent wieder zu christianisieren, brachten sie diese Kenntnisse über den Weinbau mit. Überall legten die irischen Mönche Weingärten an. So wurde die deutsche Weinbautradition von irischen Mönchen mitbegründet. Iren und Briten gehörten jahrhundertelang zu den großen weinhandeltreibenden Nationen. Sie legten zum Beispiel die Geschmacksstandards für Sherry und Cognac fest.

Irland besitzt, ähnlich wie die Niederlande oder Belgien, Hobbywinzer. In der Gegend um Cork wurde 1972 ein Weingarten angelegt, ein zweiter folgte

1986. Er ist überwiegend mit Müller-Thurgau bepflanzt. Die ersten Versuche mißlangen, da die Kälte und der viele Regen die Blüte verrieselt hatten. Der Besitzer machte sich kundig und brachte aus Geisenheim im Rheingau eine Neuzüchtung mit, die später im Frühjahr blüht, sie wird *Reichensteiner* genannt. Diese Rebe ist den klimatischen Bedingungen Irlands besser angepaßt. Je nachdem wie der Sommer ausfällt, kann in Irland ein sehr guter Wein entstehen. Er ist leicht und fruchtig, mit ausgewogener Säure und einem leichten Apfelaroma.

Trotz dieser Versuche gehört Irland natürlich zu den weinimportierenden Nationen. Der Weinverbrauch ist relativ gering, der Verbrauch von Bier und Spirituosen wesentlich geläufiger. Der Grund für den geringeren Konsum von Wein dürfte auch in der hohen Besteuerung liegen. Relativ milde Verschnitte von Weiß- und Rotweinen – wie Liebfraumilch – finden allerdings einen guten Absatz.

Bessere und individuellere Weine erobern sich jedoch immer mehr ihren Platz am Markt. Der *keltische Tiger* wird, da er in den nächsten Jahren wahrscheinlich über mehr Kaufkraft verfügen wird, zu einem interessanten Absatzmarkt für qualitativ hochwertige Weine aus aller Welt werden.

Italien

Rebe und Lage sind zwei unterschiedliche Angaben, die in den verschiedenen Weinkulturen eine sehr unterschiedliche Rolle spielen und denen bei weitem nicht überall die gleiche Bedeutung beigemessen wird. Reben- und Lagennamen gemeinsam scheint, daß sie eine Identität und verbunden damit, häufig auch eine bestimmte Qualität zum Ausdruck bringen sollen. Während der interessierte Durchschnittsweintrinker in Deutschland einen *Reiterpfad* noch als Lage der Weinbaugemeinde *Ruppertsberg* zuordnen mag, wird beim italienischen Weinfreund der *Bricco Bussia Vigna Collenello* wahrscheinlich nur ratloses Achselzucken hervorrufen.

Andererseits wird der Italiener auf die Aussage, der *Bricco Bussia* sei ein *Barolo*, häufig antworten, daß es sich dann wohl um einen aus *Nebbiolo* gemachten Wein handelt, während der deutsche Weintrinker nun seinerseits ratlos sein dürfte, da die Identifikation einer Lage mit einer vorherrschenden Rebe in Deutschland nicht sehr stark im Bewußtsein verankert scheint. Oder wissen Sie, was im *Monzinger Frühlingsplätzchen* wächst?

Rebe oder Lage – das ist hier die Frage

Während Lagenbezeichnungen in Italien eine relativ junge Erscheinung sind und nur zur Bezeichnung der *Crus* im Sinne von herausragenden Spitzenerzeugnissen dienen, gehen zahlreiche Rebennamen schon auf das ausgehende Mittelalter und die beginnende Neuzeit zurück. Und die Tatsache, daß heute in Italien noch über tausend Rebsorten wachsen, bestätigt die Einschätzung, daß für die Italiener die Traubensorte am ehesten die unterschiedliche Qualität zum Ausdruck brachte.

Während die Lagenbezeichnungen naturgemäß in der Regel auf Namen von Fluren zurückgehen, in deren Einzugsbereich durch bestimmte äußere Bedingungen eine überdurchschnittliche Qualität erzielt werden kann, bringen die in Italien im Vordergrund stehenden Rebennamen unmittelbar zum Ausdruck, welche Eigenschaften die Traube besitzt, welche klimatischen Bedingungen sie vorzieht, welche Besonderheiten in ihrem Wachstumszyklus auftreten oder welchen spezifischen Anbaumethoden sie ihre Qualität verdanken. Und dieses Charakteristikum in der Namensgebung wird man vom Fuß der Alpen in Piemont bis zur Afrika vorgelagerten Insel Pantelleria verfolgen können.

Die bekanntesten, großen Weine der nordwestitalienischen Region Piemont, wie der *Barolo*, der *Barbaresco*, der *Gattinara* oder der *Ghemme* werden ausschließlich oder vorwiegend aus der 1268 erstmals erwähnten *Nebbiolo*-Rebe gekeltert. Der Name dieser spätreifenden Rebe geht vermutlich auf *nebbia*, also *Nebel* zurück, da die Trauben im fortgeschrittenen Oktober, wenn die Nebel schon das Wetter bestimmen, geerntet werden.

Piemont und seine Nebel

Der *Nebbiolo* bringt aber in der Regel einen sehr tanninhaltigen Wein hervor, der seinen Höhepunkt erst nach längerer Lagerung erreicht. Um in der Zwischenzeit dem Markt einen Wein anbieten zu können, der nach kurzer Reifung ohne störende Gerbsäure trinkbar ist, wurde dem *Nebbiolo* vor allem in seinen Kernlanden, den Langhe und dem Monferrato, die *Dolcetto*-Rebe zur Seite gestellt. Ihr Name, geht auf ein *dolce* zurück, welches weniger in seiner Grundbedeutung *süß* als vielmehr in der übertragenen Bedeutung *angenehm, gefällig* interpretiert werden muß.

Die *Barbera*-Rebe ist die am meisten angebaute und im Ausland vielleicht bekannteste Rebe des Piemont. Nicht wenige Kenner des piemontesischen Weins und seiner Geschichte vermuten dahinter einen Familiennamen *Barberi* oder die *Berberitze*. Am wahrscheinlichsten jedoch ist eine Basis *barba*, also *Bart*, ein Wort, welches gerade im Winzervokabular für vielfältige Besonderheiten der Rebe verwendet wird.

Grignolino und Cortese

Einen ungewöhnlich hellen, leichten und mitunter rassigen Rotwein bringt der vor allem zwischen Asti und Casale Monferrato angebaute *Grignolino* hervor. Sein Name leitet sich von piemontesisch *grignolin,* also *Weintraubenkern* ab und tatsächlich ist es charakteristisch für ihn, daß sich in seiner verhältnismäßig kleinen Beere mehrere Traubenkerne befinden. Zur gleichen Zeit wie der *Grignolino*, nämlich 1614, wird auch die Rebe erstmals erwähnt, aus der heute der über die Grenzen bekannte *Gavi* gekeltert wird, die *Cortese*. Ihr Name besagt, daß sie *häufig, vom Hofe kommend*, also mit delikatem Geschmack ausgestattet ist. Die Trauben der *Erbaluce*, ursprünglich *Albaluce* vom lateinischen *alba*, was *weiß* bedeutet und *lux*, also *Licht,* nehmen zur Reifezeit eine altgoldene Färbung mit lebhaften Kupferreflexen an.

Ligurien, „fünf Dörfer“ und die Vernaccia

Im Gegensatz zum Piemont bietet die angrenzende Region Ligurien, auf einem schmalen Landstrich zwischen Seealpen und Mittelmeer gelegen, nur relativ wenig Platz für Rebenkulturen, welchen man jedoch auch hier auf Schritt und Tritt und in aufwendigen, arbeitsintensiven Steillagen begegnet. Deutlichstes Beispiel hierfür sind wohl die Terrassenlagen der *Cinqueterre* vor den Toren La Spezias. Hier stammt wohl eine Berühmtheit unter Italiens Reben her, die *Vernaccia*, welche jedoch heute unter diesem Namen hier nicht mehr zu finden ist. Boccaccio zufolge ist ihre Heimat Corniglia, eines der *fünf Dörfer* (Cinque Terre), das jedoch, auf einem Felsen steil über dem Abgrund liegend, nicht über einen eigenen Hafen verfügte, weshalb der Wein über das geschützt in einer Bucht und flach am Meer liegende, benachbarte Vernazza verschifft wurde.

Dem edlen Süßwein *Vernaccia* von einst recht ähnlich dürfte die ligurische Spezialität *Sciacchetra* sein. Sein Name erklärt sich vermutlich aus dem ligurischen *sakka,* also *pressen* und *tra*, was soviel wie *wegnehmen* bedeutet. Der Most wird nach dem Pressvorgang sofort von der Maische abgepreßt. Zuvor sind die Beeren auf Strohmatten getrocknet worden.

Vier Rebsorten – ein Wein: der Chianti

Zweifellos einer der bekanntesten Weine der Apeninnenhalbinsel ist der Chianti, den 1398 schon Francesco Datini, ein Kaufmann aus Prato bei Florenz, erwähnt und der seinen Namen von der Landschaft übernahm, aus der er stammt. Er wird häufig heute noch aus einer Kombination von Reben hergestellt, die auf ein Rezept des Baron Ricasoli aus dem 19. Jahrhundert zurückgeht. Für das Bukett des Weines sorgt der *Sangiovese* oder *Sangioveto*. Das Blut, *sangue*, des Gottes *Giove,* also *Jupiter*, dem es oblag, die Vegetation zu schützen, mag bei der Namensgebung eine Rolle gespielt haben, was jedoch nicht nachweisbar ist. Daß jedoch vermutlich ein *giogo*, was soviel wie *Joch, Bergrücken* bedeutet, im Namen steckt, zeigt die Bezeichnung *sangiogheto* aus dem 16. Jahrhundert. Durch dialektale Umformung könnte so aus dem *sangue dei gioghi*, dem *Blut der Hügel*, ein *Sangioveto* bzw. ein *Sangiovese* geworden sein.

Für die Süße des Weins sorgt die rote *Canaiolo*. Der Volksmund behauptet, dieser Name erkläre sich durch die Vorliebe der Hunde, *cani*, für die süße Traube. Sollten aber nicht eher die Hundstage im Juli-August, in denen die Beeren des Canaiolo zu reifen beginnen, wie Cosimo Trinci schon im 18. Jahrhundert erkannte, diesen Namen begründet haben? Die weiße *Malvasia* fügte Ricasoli hinzu, um den Wein runder und angenehmer zu machen. Ihr Name geht auf die griechische Stadt Monemvasia auf dem Peloponnes zurück, die schon im frühen 13. Jahrhundert venezianischer Handelsplatz für Süßweine vor allem aus Kreta, damals noch Candia, war.

Wohl wegen seines Ertragsreichtums mischten die toskanischen Bauern später den *Trebbiano* zu den Trauben der drei anderen Reben. Allgemein wird vermutet, daß er nach der in Kampanien gelegenen Stadt Trebulanum benannt sei und tatsächlich nennt Plinius schon einen *Vinum trebulanum*.

Süditalien und seine Geschichte

Süditalien hatte lange vor der Toscana und dem Norden einen großen Ruf als Herkunftsland großer Weine gehabt. Seine Reben und seine Kenntnisse der Weinbereitung bezog es großenteils von den Griechen der Magna Graecia, und diese griechische Tradition läßt sich heute noch in einigen Reben- und Weinnamen nachweisen. Um Neapel, der Hauptstadt Kampaniens, wird vor allem an den Hängen des Vesuvs der *Greco* angebaut, eine berühmte Weißweinrebe. Im Namen einer weiteren weißen Rebe dieser Gegend, der *Falanghina*, steckt das italienische *falange*, was *eines der drei Segmente des Fingers* bedeutet. Häufig wird auch der Name des *Aglianico*, der besten Rebe Südkampaniens und der Basilicata, auf Helenicus, der Griechische, zurückgeführt. Vermutlich liegt aber eine Entstellung oder schlechte Aussprache des Namens der norditalienischen *Lugliatica* vor, deren Ursprung, in einem italienischen *luglio*, also *Juli,* zu suchen sein dürfte. Blüte, Fruchtansatz oder frühe Reife mögen dafür verantwortlich gewesen sein.

Das Land, in dem die Zitronen blühen, Sizilien, war, was die Weinkultur anbetrifft, im übrigen Europa lange Zeit nur durch seinen Dessertwein *Marsala* bekannt, der aus den Rebsorten *Grillo, Cataratto* und *Inzoglia* bereitet wird. Der *Grillo* geht auf ein vermutlich spätlateinisches *Arillus*, also *Traubenkern,* zurück. Der *Cataratto* ist eine sehr ertragreiche Rebsorte und sein Name scheint sich über das griechische *Katarrakthos* zu einem im übertragenen Sinn gebrauchten *a cateratte*, etwa *in großem Überfluß,* entwickelt zu haben. Die Farbe hingegen scheint das Kriterium für die Benennung der *Inzoglia* oder *Insoria* gewesen zu sein. Diese geht vermutlich auf die Basis *soriano zurück*, was *gräulich, falb* bedeutet und sich auf die goldgelben Trauben bezieht, die mit einem aschefarbenen Belag überzogen sind.

Heute bringt Sizilien einige anerkannte rote Spitzenweine hervor, die meist aus *Calabrese, Nerello* oder *Perricone* kreiert werden. Der erste geht auf den Namen der Region Kalabrien zurück, der zweite auf italienisch *nero,* also *schwarz,* und der *Perricone* verdankt seine Bezeichnung der rot gesprenkelten Farbe seiner Beeren, die an die Brust der Wachtel, *Pernice*, erinnern.

Primitivo und Bombino

Im Stiefelabsatz, in Apulien, sind vor allem der weiße *Bombino* und der rote *Primitivo* zuhause, die man in den letzten Jahren auch überregional schätzen lernte. Hinter *Bombino* können sich zweierlei Erklärungen verbergen. Die Basis *bomb-* wird im Italienischen häufig benutzt, um dicke, runde Gegenstände oder Teile von Pflanzen zu bezeichnen. In unserem Fall würde sich das auf die Form der Traube beziehen. Bei der zweiten Lösung, nämlich einer Entstellung von *buon vino*, also *guter Wein,* könnte es sich auch um eine Deutung aus dem Volksmund handeln. Der Name des *Primitivo*, dessen bekannteste und beste Variante in Manduria wächst, sagt mitnichten etwas Negatives über seine Qualität aus, sondern er geht auf *primitivo,* im Sinne von *vorzeitig* zurück, was sich auf den frühen Zeitpunkt seiner Reife bezieht.

Entlang der gesamten Adriaküste finden wir dann immer wieder Reben, die auch in Mittel-und Süditalien kultiviert werden. In den Marken begegnen wir dann dem, vor allem für diese Region typischen, weißen *Verdicchio*, dem kleinen grünlichen, der als Wein im Glas leicht grünliche Reflexe erzeugt. Auf dem Weg in den italienischen Nordosten streifen wir die Romagna, in der neben einer roten *Sangiovese piccolo* eine weiße Rebe namens *Pagadebit* angebaut wird, die so reichen Ertrag bringt, daß man davon seine Schulden bezahlen kann, was im Italienischen *pagare i debiti* heißt. Das Hinterland von Venedig bringt zahlreiche wertvolle Weine hervor, von denen vielleicht die roten *Bardolino* und *Valpolicella*, sowie der weiße *Soave* am bekanntesten sind. Die beiden Roten werden unter anderem aus der *Corvina* gemacht, einer schwarzen Traube, deren Farbe an den *Corvo*, den Raben, erinnert, sowie aus der *Molinara*, in der wir *Mühle*, italienisch *mulino,* erkennen können. Ihre Haut ist mit einem an Mehl erinnernden Staub überzogen. Der Name des *Soave* geht auf die Stadt zurück, die im Zentrum seines Anbaugebietes liegt. Die Traube, aus der er gekeltert wird, die *Garganega*, könnte ihren Ursprung auf dem *Gargano*, dem Sporn des italienischen Stiefels haben.

Die Weinreise durch Italien neigt sich ihrem Ende, nicht ohne jedoch in den aufstrebenden Weinregionen von Südtirol und Alto Adige kurz innezuhalten. Nomen est omen gilt sicher für den *Teroldego*, aus dem an Etsch und Eisack wunderbare Rotweine vinifiziert werden. Sein Begleiter, der rote *Marzorimen* scheint ursprünglich aus dem Veneto zu stammen, wo er schon Anfang des 14. Jahrhunderts erwähnt wird.

Was immer wieder beeindruckt, ist die Tatsache, daß durch eine derartige Bezeichnung von Rebe und Wein die schier unüberschaubare Vielfalt im italienischen Weinberg konkret wahrnehmbar und erfahrbar wird, und daß die Winzer durch die Namen einen Einblick geben in typische Wesenszüge der Rebe und damit in die Geschichte oder den zu erwartenden Charakter des Weins, der daraus entstanden ist.

Luxemburg

Der Weinbau ist für die Wirtschaft Luxemburgs nur eine marginale Erscheinung. Die Mosel ist auf 42 Kilometern ein internationaler Fluß, zwischen Schengen und Wasserbillig bildet sie die Grenze zwischen Deutschland und Luxemburg. Das luxemburgische Weinbaugebiet hat eine Größe von circa 1260 Hektar. Der Weinbau hat hier römische Traditionen, bis 400 nach Christus unter der Herrschaft der Römer blühte der Weinbau. Auch im Mittelalter war in Luxemburg der Weinbau noch sehr umfangreich, die Kirchen und Klöster benötigten Wein zur Messe und für die Sakramente. Im 14. Jahrhundert gibt Wenzel von Böhmen den Luxemburgern das Weinrecht zu ihrer freien Verfügung, und in dieser Zeit betrug der Pro-Kopf-Verbrauch im Jahr etwa 100 Liter. Das Wasser in den Städten des Mittelalters war verseucht, die Gefahr von Epidemien gegenwärtig und aus diesem Grund wurde es auch aus gesundheitlichen Gründen vorgezogen, Wein statt Wasser zu trinken.

Die bewegte Geschichte des Luxemburger Weines

Zu Beginn des 17. Jahrhunderts geht der Weinbau in Luxemburg zurück, schuld daran mag auch der Katastrophenwinter 1708/09 gewesen sein. Der Großteil aller Reben fiel dem Frost zum Opfer. Nach dem Wiener Kongreß mußte Luxemburg die Gebiete jenseits von Mosel, Sauer und Our an Preußen abtreten. Ab 1815 ist Luxemburg in Personalunion mit dem Königreich Holland verbunden. Auf den Wein mußten Vorsteuern von zwei Dritteln seines Verkaufswertes geleistet werden. Die Steuern wurden von den holländischen Beamten unerbittlich eingetrieben und führten fast zum Bankrott der luxemburgischen Weinbauern. Auch aus Unzufriedenheit mit dem holländischen Steuersystem schließen sich die Luxemburger der belgischen Revolution gegen Holland an.

Zwischen den Jahren 1830 und 1839 gehört Luxemburg zu Belgien. Erst dann wird Luxemburg unabhängig und zum Großherzogtum erhoben. Der Herzog ist in Personalunion König der Niederlande. Wieder ist auf dem Wein eine extrem hohe Steuerlast. Auch der Beitritt zum deutschen Zollverein bringt dem luxemburgischen Weinbau wenig Vorteile, denn der billigere Import aus Deutschland kann nun ungehindert ins Land kommen. Deutschland ist noch kein Absatzmarkt für luxemburgischen Wein.

Die Luxemburger behalten jedoch ihren Humor. Sie benennen ihre besonders schlechten Jahrgänge nach Personen oder Ereignissen. 1840 war ein solch besonders schlechter Jahrgang, der überwiegend sauren Wein hervorbrachte. Dieser Wein wurde von den Luxemburgern *Hasenpflug* genannt, nach dem Chef des Zivildienstes, der eine rücksichtslose Germanisierungspolitik betrieb und zum bestgehaßten Mann Luxemburgs avancierte. Den Jahrgang 1866 nannte man *Bismarck*. Großherzog Wilhelm II. wollte Luxemburg an Frankreich verkaufen, Bismarck erhob dagegen vehement Einspruch. Fast wäre es schon zu diesem Zeitpunkt zu einem Krieg zwischen Frankreich und Preußen gekommen. Das mundartliche *en ass sauer* stand für die Bezeichnung des 1898er Jahrgangs Pate, der *Nassauer* genannt wurde. Adolf von Nassau war damals Großherzog von Luxemburg. Aus Sympathie für die Buren nannten sie den Jahrgang 1902 *Chamberlain*.

In Deutschland war nach Überwindung der Gründerkrise der Champagnerkonsum stetig gestiegen. Die Weine Luxemburgs finden ihren Absatz in der Champagnerproduktion. Trotz Mehltau und Reblausplage geht die Anbaufläche nicht zurück, sondern wird bis 1916 noch weiter ausgebaut.

1918 markiert mit dem Ende des 1. Weltkrieges eine Zäsur in der Geschichte des luxemburgischen Weinbaus. Luxemburg wird 1922 mit Belgien in einer Zollunion vereinigt, die belgischen Weintrinker nennen den Luxemburger Wein *Grächen*. Luxemburg hat seine traditionellen Absatzmärkte verloren. In Belgien selbst gibt es keine eigene Weinproduktion, sein laxes Weingesetz erlaubt sogar die Produktion von Kunstwein.

Geologisch und vinologisch ist Luxemburg zweigeteilt. Das Klima allerdings ist im Kanton von Remich wie im Kanton von Grevenmacher ähnlich dem der deutschen Obermosel. Die *Marque Nationale,* die 1935 eingeführt wurde, entspricht ungefähr dem deutschen Qualitätswein. *MN Vin Classé, MN Premier Cru* und *Grand premier Cru* sind zu vergleichen mit einem Qualitätswein mit Prädikat.

Die Lagen Luxemburgs sind analog denen der Mosel benannt. *Goldberg* und *Stencheswengert* gehen auf die Bodenbeschaffenheit ein. Das Gold in Goldberg kann neben Glimmergestein, sogenanntem Katzengold, jedoch auch den Bewuchs der Lage mit Ginster meinen. Der *Stencheswengert* charakterisiert die für die Obermosel typischen steinigen Steillagen. *Wengert* ist mundartlich für Weinberg.

Das *Wormeldinger Köppchen* hat seinen Namen von seiner Form. Sie ähnelt von weitem in etwa dem römischen Trinkhorn *cupa*. Dies wurde im Laufe der Zeit im moselfränkischen Dialekt zu *kopp*, dessen Verkleinerungsform *köppchen* ist.

Die Luxemburger haben es verstanden, ihr kleines Land und ihre Küche auf der Höhe der Zeit zu halten, und zu großen Teilen sind sie sogar Vorreiter für europäische Entwicklungen geworden. Sie verbinden Menschen und Geschmacksmentalitäten im Herzen Europas auch durch den Luxemburger Wein, so daß es für die Bewohner dieses kleinen, interessant quirligen Landes schon eine Selbstverständlichkeit geworden ist, die man bewundern muß.

Niederlande

Schon im Mittelalter gab es in den Klostergärten der Niederlande Weinbau, bis zur napoleonischen Zeit wurde er aber aufgegeben. Die Niederlande waren bis ins 17. Jahrhundert nur eine arme spanische Kolonie, die ihre Bevölkerung mit ihren Feldern kaum ernähren konnte. Die sieben nördlichen Provinzen der damals spanischen Niederlande schlossen sich zusammen und warfen, unter der Führung von Prinz Phillip von Oranien, die Spanier aus dem Land. Ab der Mitte des Jahrhunderts besaßen die Niederländer die größte Handelsflotte der Welt, sie gaben im Weinhandel den Ton an.

Rotterdam wurde zum Hauptumschlagplatz für den Seehandel mit Wein, in erster Linie Rheinwein, aber auch Wein aus Spanien und Griechenland. Im Mündungsgebiet der Gironde legten die Niederländer die Sümpfe trocken, auf dem neu entstandenen Land wurden Weinberge angepflanzt. Niederländer gehören zu den Mitbegründern der Weinbautradition in Bordeaux. Hatten sie sich zuerst als Aufkäufer für Wein betätigt, festigten sie nun durch den Ankauf von Gelände und durch das Knüpfen familiärer Bande ihre Stellung im Bordeaux-Gebiet.

Sie kauften ungeheure Mengen Weißwein auf, den sie dann zu Branntwein (Cognac, Armagnac) weiterverarbeiteten und Rotwein, den sie dunkel und schwer bevorzugten. Als technische Neuerung brachten die Niederländer das Ausbrennen der Fässer mit Hilfe eines Schwefeldochtes mit, die ausgeschwefelten Fässer enthielten deutlich weniger Bakterien, so daß auf diese Weise die Weine stabiler gehalten werden konnten und deshalb haltbarer waren.

Bis in unser Jahrhundert gehörten die Niederländer neben den Briten zu den bedeutendsten Weinhandelnationen der Welt. Auch heute noch gehören die Niederlande zu den großen weinimportierenden Nationen. Seit 1967 besitzt die Niederlande auch wieder Freilandweinberge, auf der geschützten Schloßterrasse *Slavante* an der Maas und in der Nähe von Eijs. Die Weinberge sind zu zwei Drittel mit Müller-Thurgau und zu einem Fünftel mit Riesling bepflanzt. Es werden ungefähr 6000 Flaschen eines leichten spritzigen Weines produziert, der unter dem Namen *Slavante* im Handel ist.

So kann der Weinbau an der Maas ein neues Kapitel in der Weinbaugeschichte der Niederlande aufschlagen. Und – falls er sich bewährt – dem Weinfreund zu neuen Geschmackserlebnissen verhelfen.

Österreich

In Österreich haben schon die Kelten – in einer primitiven Art – Weinbau im Burgenland und der Steiermark betrieben. Geordnete Weinkulturen entstehen unter römischer Herrschaft. Der erste urkundlich erwähnte Weinbauort Österreichs ist in der Lebensbeschreibung des Heiligen Severin im 5. Jahrhundert zu finden. Es wird hier von den Weingärten der Wachau gesprochen.

Unter Karl dem Großen wird nach den Wirren der Völkerwanderung eine Renaissance des Weinbaus eingeleitet. Klöster und Kirchen des Mittelalters weiten den Weinbau aus. Türkenkriege und der Dreißigjährige Krieg bringen, neben der Pest, auch Rückschläge für den Weinbau in Österreich. Hier ist es wiederum die Kirche, die zur Erholung beiträgt, sie ist durch die Gegenreformation gestärkt und benötigt wieder mehr Wein.

1784 erläßt Joseph II. seine Zirkularverordnung. Sie erlaubt es jedermann, selbst erzeugte Lebensmittel, Wein und Most zu allen Zeiten des Jahres zu verkaufen und auszuschenken. Das ist die Geburtsstunde des Buschenausschankes (Straußwirtschaft). Die Rückschläge, denen der Weinbau in Europa im 19. Jahrhundert unterworfen war, treffen auch Österreich: Reblaus, echter und falscher Mehltau. Heute erzeugt Österreich auf etwa 57 000 Hektar Rebfläche drei Millionen Hektoliter Wein.

Die Ried bringt die Orientierung

Die Herkunft des österreichischen Weines wird durch seinen Riednamen belegt. Die Ried grenzt die Einzellage ein und leitet sich vom althochdeutschen *riod* her, was Rodung bedeutet. Ursprünglich wurden so mehrere Weingärten bezeichnet, bei der dann fortschreitenden Differenzierung des Besitzes ging man dazu über, die jeweilige Einzellage so zu bezeichnen.

Die meisten Riednamen gehen auf 1000 nach Christus zurück. Die Namen nehmen die Form der Umgebung auf, spiegeln ihre Bodenbeschaffenheit wider, geben Nachricht über Stand oder Beruf des Besitzers, zeigen, an welchen Flüssen oder Seen sie gelegen sind. Teilweise sind sie aber auch reine Phantasiebezeichnungen.

In der Regierungszeit Franz I. nahmen zwischen 1820 und 1822 die Katasterbeamten die Namen auf. Sie waren oftmals Kriegsveteranen, die nicht aus der Gegend kamen, den Dialekt nicht verstanden und so die Namen falsch aufschrieben. Nach der Erfassung in das

Kataster wurden die Namen rechtsverbindlich. Der Name eines Riedes sagt allerdings wenig über die Qualität des auf ihm wachsenden Weines aus. Das getrennte Abfüllen nach Rieden ist oftmals nicht möglich. Der Weingartenbesitz liegt verstreut, die Einzellagen sind klein und die Tradition, nach Einzellagen zu verarbeiten, fehlt.

Riednamen, die vom Leben im Weingarten erzählen

Der *Spitzer Achspoint* heißt übersetzt *unter der Achsel*. Im Volksmund wird er auch als Tausendeimerberg bezeichnet. Er ist 1243 erstmals erwähnt und soll in guten Jahren den Ertrag von 1000 Eimern gebracht haben, in etwa 56000 Liter. Analog zu den *Clos* im Burgund wurden in Österreich umhegte oder umzäunte Grundstücke mit *point* oder *peunt* bezeichnet.

Der *Dürnsteiner Pfennig* ist erstmals 1378 als *Chüssenphennich unter Tirnstain* erwähnt. Der Name spiegelt die schwierigen Bedingungen, unter denen hier Wein erzeugt wurde, wider. Jeder Pfennig, den der Weinbergbesitzer für diese Weinlage erhielt, wurde voll der Freude geküßt.

Die Mühe und den Arbeitseinsatz, die mit der Tätigkeit im Weinberg verbunden sind, wird im Lagennamen *Nußdorfer Plagen* überliefert. Er verdeutlicht die enormen Schwierigkeiten bei der Arbeit in den Weinbergen.

Die Ried *Kremser Pfaffenberg* entstammt dem Volksmund. Er ist schon im 13. Jahrhundert als *mons clericorum* erwähnt und war gänzlich im Besitz der Geistlichkeit. Es wird über diesen Wein gesagt: *Der Kremser mag den Pfaffen nicht, doch den Pfaffenberger trinkt er gern.*

Die Lage *Spitzer Rotes Tor* hat ihren Namen von einem Tor aus dem Dreißigjährigen Krieg. Um dieses Stadttor wurde hart gekämpft und viel Blut vergossen.

Die *Mautener Silberbühel* ist eine Abwandlung des mittelalterlichen *bichl.* Das Silber im Riednamen leitet sich möglicherweise aus dem Vorkommen von Glimmergestein her.

Der *Halbtumer Hallebühl* war während der Türkenbelagerung ein Aussichtsberg. Die *Weißkirchner Herstell* soll ein Feldlager Karls des Großen gewesen sein.

Kogl oder Eisenhut, Pfaffenberg und Weinzierl – Hinweise auf die Geschichte

Mit *Kogl* bzw. *Kögl* wurden früher kuppenförmige Erhebungen bezeichnet, die an die *cucullla,* die Mönchskapuze, erinnern. Die Lagen *Kremser Kögl* und *Hollenbuger Kogl* folgen dieser Namensgebung.

Auch im Namen *Großriedenthaler Eisenhut* wird auf die äußere Form der Lage eingegangen. Von weitem erinnert der Hügel an einen Helm oder eine Sturmhaube.

Der Name *Weißkirchner Achleiten* wurde erstmals als *an der Echleiten* erwähnt und meint einen Abhang, der mit Eichen bewachsen ist. Der *Weißenkirchner Zwerithaler* ist zwischen zwei Tälern gelegen, was ihm auch den Namen gab.

Die Ried *Gedersdorfer Zehetnerin* gibt uns heute Auskunft über die Steuer, die auf diesem Weinberg lag. Der zehnte Teil eines Jahrgangs mußte an den Landesherrn oder an die Klöster abgegeben werden.

Nicht nur über die Lage im Gelände, auch über die Größe selbst gibt der Lagenname Auskunft, so wie bei der *Tattendorfer Stiftsbreite,* die schon 1114 erwähnt wurde. Der Name meint: *das ist die Breite, die dem Stift gehört.*

Auf die Bodenbeschaffenheit der Lage wird im *Langenloiser Letten* eingegangen. Letten meint dabei den angeschwemmten Schlamm, aus dem im Laufe der Zeit fruchtbare Erde entstanden ist.

Weinzierl war seit dem 12. Jahrhundert die Berufsbezeichnung für Winzer. In der *Kremser Weinzierl* dürften sie ansässig gewesen sein.

Von Bienenfressern, Studenten und Langteufeln

Ein besonders seltener Vogel ist der Bienenfresser, dessen Lebensraum die Halbwüsten, Steppen und Baumsteppen Europas sind. Er lebt in Erdabbrüchen mit lößhaltigem Lehm, in der er Höhlen baut. In Höflein findet sich die größte Bienenfresser-Kolonie Europas, nach der die Lage benannt wurde.

Der *Thallerner Student* ist im Besitz des ältesten Weinguts Österreichs. Es gehört seit 1141 den Zisterziensermönchen des Stifts Heiligenkreuz. In Thallern und Gumpoldskirchen befinden sich die am längsten durchgehend weinbaulich genutzten Flächen Österreichs.

Nach der Bauernbefreiung lebten ab 1848 in der *Großhöfleiner Haussatz* 120 befreite Bauern in nebeneinander liegenden Häusern. Zu jedem Haus gehörte eine bestimmte Anzahl von Parzellen zur landwirtschaftlichen Bearbeitung.

Eine Verballhornung finden wir bei der *Nußdorfer Langteufel.* Sie ist schon 1384 urkundlich erwähnt und meint eine lange Teufe, das heißt, sie liegt in einer größeren Senke.

Aus dieser kleinen Auswahl der Riednamen Österreichs geht hervor, daß in diesen Lagennamen ein Stück europäischer Kulturgeschichte überliefert wird, die auch heute noch daran erinnert, wie unsere Vorfahren die Welt erlebt und gesehen haben. Die Weinbaunation Österreich hat nun nach ihrem Beitritt in die Europäische Union die Gelegenheit, ihre hervorragenden Weine und ihre gewachsene Weinkultur einem noch größeren Publikum bekanntzumachen.

Portugal

Der Weinbau Portugals reicht in seinen Traditionen bis in die Zeit der römischen Besiedelung zurück. In manchen Gegenden sollen sogar Phönizier und Griechen die Väter des Weinbaues sein. In Portugal sind etwa vier Prozent des gesamten Landes Weinbaugebiet.

Der Pro-Kopf-Verbrauch liegt bei etwa 100 Litern im Jahr. Die Vielfalt der portugiesischen Weine steht für sich und reicht vom leichten Vinho Verde über Rotweine bis zu den klassischen Dessertweinen Port und Madeira. In den letzten Jahren wurden 44 Qualitätsweinregionen gebildet, die in zwei Gruppen eingeteilt sind. Es gibt 18 DOC-Regionen mit Qualitätstandards, ähnlich wie in Italien oder Frankreich. 26 IPR-Regionen können bei entsprechendem Nachweis in den Bereich der DOC-Gebiete aufsteigen. Die fünf wichtigsten Weinregionen Portugals sind: Vinho Verde, Douro, Dão, Bairrada und der Alentejo.

Mit 21 Hektolitern haben die Portugiesen den geringsten Hektarertrag der Europäischen Union. Dies wird zum einem durch die uralten Rebanlagen hervorgerufen, die zu mehr als der Hälfte älter als 50 Jahre sind. Ein weiterer Grund hierfür war die Abgeschlossenheit Portugals – Modernisierung war lange Zeit ein Fremdwort.

Reben bis zu 10 Metern Länge

Zum anderen dürfte die Art und Weise, wie in Portugal Wein angepflanzt wird, für die geringen Hektarerträge mitverantwortlich sein. Die Reben werden nicht zurückgeschnitten und ranken sich überwiegend an Bäumen entlang. So werden sie bis zu 10 Metern hoch. Manchmal sind auch zwischen den Bäumen Netze gespannt, an denen sich die Reben entlangranken. So läuft oder fährt man im wahrsten Sinne durch einen Rebenwald.

Die Weinernte ist hier eher eine Frage der Balance als des Akkords. Mehrere hunderttausend Kleinbauern produzierten den Wein, der über Kellereien und Genossenschaften vertrieben wurde. Portwein und Rosé gingen vollständig in den Export, im Land selbst wurde schwerer Rotwein bevorzugt.

Wichtige Neuentwicklungen werden gefördert

Seit dem Beitritt Portugals zur Europäischen Union wurden wichtige Neuerungen durchgeführt. Es wird nun auf virusfreies Pflanzgut geachtet und die Weinberge werden rebsortenrein angelegt. Portugal verfügt über einen Schatz von rund 500 eigenständigen Rebsorten.

Die modernen Allerweltsreben Chardonnay und Cabernet Sauvignon sind in einigen Regionen zugelassen, gehören jedoch nicht zu den empfohlenen Rebsorten. Der Beitritt zur EU hat den Trend zu den eigenen Rebsorten nur verstärkt. Die sortenreine Anpflanzung ermöglicht die getrennte Weinherstellung – es ist ein leichter Trend in diese Richtung festzustellen – in den meisten Fällen wird aber noch dem Verschnitt der Vorzug gegeben.

Die Besonderheit der portugiesischen Weine ist das Mischungsverhältnis zwischen jungen Reben – die dem Wein sortenspezifische Fruchtaromen geben – und den alten Reben – die für eine dichte Struktur der Weine zuständig sind.

Zur Zeit stehen in Portugal die uralten, dichtbepflanzten Weinberge mit gemischtem Satz und absoluten Minierträgen neben jungen, virusfreien und sortenreinen Anpflanzungen. Die Originalität der portugiesischen Rotweine, die sich charaktervoll von den weitverbreiteten High-Tech-Weinen absetzen, wird durch dieses Nebeneinander von alt und neu hervorgebracht.

Vinho verde – grün, frisch, spritzig

Die klassifizierte Rebfläche des *Vinho Verde* beträgt ungefähr 50 000 Hektar und muß aus folgenden Rebsorten hergestellt sein: *Alvarinho*, die einen alkohol- und körperreichen Wein von ausgeklügelter Struktur bringt. Die *Loureiro*-Traube ist die angesehenste des Vinho Verde-Gebietes. Sie ist eine frühreife Sorte, die einen Wein mit einem zart duftigen Aroma und filigraner Säure ergibt.

Ein beliebter Cuvéewein wird aus der *Trajadur*-Rebe gewonnen. Sie reift früh und ergibt ein feines Fruchtaroma. Aus der *Azal* hingegen ergibt sich ein Apfelsäure betonter Wein, der bei Cuvéeweinen genommen wird, um ein ausgewogenes Säure-Frucht-Verhältnis zu erreichen. Die letzte Rebsorte des Vinho Verde ist die *Pedema*-Rebe, eine feinfruchtige Sorte mit eleganter Säurestruktur.

In der Region des Vinho Verde herrscht das System der *Ramada* vor. Die Reben wachsen hier auf Pergolen an Häusern, auf Veranden und als Begrenzung der Felder. Oftmals werden Obstbäume und Reben parallel in Plantagen angebaut, die Reben benützen die Obstbäume als Klettergerüst. Der Name Vinho Verde soll nicht die Farbe des Weines, sondern seine spritzige, grüne (frische) Struktur kennzeichnen. Der Wein ist säurereich, mit ausgeprägten Fruchtaromen, die oft an Apfel erinnern, und moussiert leicht.

Er kommt seit dem 16. Jahrhundert aus Porto

Portwein hat seinen Namen von der im Mündungsgebiet des Douro gelegenen Stadt *Porto*. Sie ist seit dem 16. Jahrhundert der einzige Ort der Welt, an dem Portwein in den Handel gebracht werden darf. Das Anbaugebiet des Portwein ist entlang des Douro gelegen, auf terrassierten Steilhängen. Portwein ist ein Dessertwein, der bis zu 25 Prozent Alkohol besitzen darf. Er ist wie Sherry ein Verschnitt verschiedenster Rebsorten, Weinlagen und Jahrgängen. Eine Ausnahme bildet der *Vintage Port,* der aus Weinen eines Jahrganges zusammengestellt worden ist. Ziel ist es, das Endprodukt qualitativ zu verbessern und den Typ vom Geschmack her konstant zu halten. Unverschnittene Abfüllungen sind selten und dementsprechend teuer.

Vintage Port – der Jahrgangsportwein

Folgende Weintypen werden unterschieden: Der *Vintage Port* sollte aus qualitativ überdurchschnittlichen Weinen eines Jahrganges hergestellt sein und zwei Jahre im Faß gelegen haben. Nachdem er auf Flaschen gezogen worden ist, muß er noch fünf weitere Jahre auf der Flasche altern. Vom Geschmacksbild ist er eher süß, seine Farbe ist tief dunkel. Eine Steigerung des *Vintage* ist der *Late Bottled Vintage.* Er wird erst nach einer Reifezeit von 4 bis 6 Jahren im Faß auf Flaschen gefüllt. Meist ist er in seiner Struktur gerbstoffreicher.

Die Weine vom westlichsten Mitglied der Europäischen Union sind zum Großteil noch sehr unbekannt. Außer den bekannten, wie *Portwein* und bestimmte Rosés, erobern sich neue Marken einen größeren Bekanntheitsgrad. Positiv ist, daß gerade diese Weine sich durch einen unverwechselbaren Charakter und Geschmack auszeichnen und sich so vom Einerlei des Trendgeschmacks abheben.

Der Hohe Norden Europas Dänemark, Finnland und Schweden

Die skandinavischen Länder betreiben bekanntermaßen keinen Weinbau. Über dem 51. Breitengrad sind die klimatischen Bedingungen zu schlecht, als daß die Reben noch zur Reife kommen könnten.

Es mag im Mittelalter auch in den skandinavischen Ländern in ummauerten Klostergärten Reben gegeben haben, vielleicht gelang es sogar, dort die Trauben zu annähernder Reife zu bringen. Allerdings wurde in Klöstern Wein auch als Medizin genutzt, und eine gute Medizin schmeckt immer etwas bitter und sauer - so wie der Wein damals wohl geschmeckt haben mag.

Den ersten Kontakt zu Wein hatten die traditionell Met trinkenden Nordvölker, als sie im 9. Jahrhundert brandschatzend und raubend die Küsten Frankreichs heimsuchten. Die Wikinger leerten so manchen Klosterkeller und verwüsteten auch so manchen Weinberg.

Im Mittelalter waren die skandinavischen Länder eher unterentwickelt, jedoch reich an Bodenschätzen. Zur Nutzbarmachung wurden ausländische Facharbeiter ins Land gehohlt – Bergleute aus Süddeutschland und der Wallonie, die Kaufleute der Hanse – die ihre traditionellen Gebräuche und Getränke mitbrachten. Obwohl der Blick , vor allem Schwedens und Finnlands, eher nach Osten ausgerichtet war – von Rußland hatte man die Fähigkeit, aus Getreide Schnaps zu brennen übernommen – wurde nun auch Wein importiert.

Lieber Tokayer als Bordeaux und Rheinwein

Im 18. Jahrhundert nahmen Schweden und Finnland eine Sonderstellung in den weinimportierenden Nationen ein. Sie bevorzugten Tokayer aus Ungarn und nicht die französischen Rotweine oder deutsche Rheinweine. Der Tokayer galt als stärker und wohlschmeckender als der Wein aus Frankreich. Burgunder und Bordeaux mögen immer Getränke des Adels gewesen sein, als Volksgetränk konnten sie sich nicht durchsetzen.

Adel und Großbürgertum orientierten sich im 19. Jahrhundert an den Sitten Frankreichs. Es wurde Champagner, Burgunder, Bordeaux und Rheinwein eingeführt. Das Gros der Bevölkerung trank Bier, Schnaps oder Fruchtweine, die aus den Beeren der heimischen Wälder gewonnen wurden. Der Konsum von Branntwein war in den skandinavischen Ländern ähnlich hoch wie in den westlichen Industrieländern. Branntwein war, nachdem er aus Kartoffeln hergestellt werden konnte, zu einem billigen Massengetränk geworden.

Anders als in Deutschland und England, hatte in den skandinavischen Ländern die Prohibitionsbewegung Erfolg. Man versuchte, mit verschiedenen Mitteln dem Übel des Alkoholismus Herr zu werden. Nachdem man erkannt hatte, daß eine Rationierung nur zur Verherrlichung von Alkohol führte und einen künstlichen Bedarf schuf, ging man dazu über, Alkohol mit hohen Steuern zu belegen. Alkohol darf nur in Geschäften, die eine besondere Alkohollizenz haben, verkauft werden. Das Einfuhrmonopol für Wein, Starkbier und Spirituosen liegt beim Staat. Das Preisniveau für alkoholische Getränke ist extrem hoch, so will man den Mißbrauch einschränken.

Die skandinavischen Länder sind reine Konsumenten. Sie bevorzugen leichte, liebliche Weine, oft im Stil von Liebfraumilch. Es bleibt abzuwarten, ob im Laufe der Zeit der Konsum von hochwertigeren, individuelleren Weinen steigen wird. Die skandinavischen Länder sind trotz der hohen Steuern ein Absatzmarkt der Zukunft für europäischen Wein. Er muß sich aber hier deutlich von den beliebigen Allerweltsprodukten absetzen, um auch im hohen Norden immer mehr Freunde und Kenner zu finden.

Spanien

Weine aus la Rioja und der weltberühmte Sherry stehen für Spanien wie Barcelona, Sevilla , der Prado in Madrid und Flamenco. Allerdings kennt man hier keine Lagennamen wie zum Beispiel in Deutschland. Jedes Weingut hat sein eigenes Rezept und Mischungsverhältnis der Rebsorten. Der Geschmack soll nicht variieren, sondern von Jahr zu Jahr gleich sein.

Die Phönizier brachten, da ihre Territorien abgeholzt waren, Ölbäume und Rebstöcke in ihre Kolonien. So konnten sie ihre eigene Versorgung sicherstellen. Nach den Phöniziern kamen die Griechen, dann die Römer und schließlich

die Mauren. Alle pflegten die Reben und die Weinkultur. Während der arabischen Herrschaft ging der Weinbau zurück, doch kam er nicht völlig zum Erliegen, auch wenn die Gebote des Koran den Genuß von Wein nicht erlauben:
Wer trinkt, besäuft sich, wer sich berauscht, macht Unsinn, wer Unsinn treibt, schmiedet Lügen, und wer das tut, der muß bestraft werden.

Rosinen gegen Rodung

In Andalusien wurden die Bestimmungen großzügiger ausgelegt als im arabischen Mutterland. Im 10. Jahrhundert verfügte der Kalif Alhaken II. die Rodung von 10000 Weinstöcken. Als den Bewohnern von Jerez die Nachricht über die bevorstehende Rodung ihrer Weinstöcke gebracht wurde, erzählten sie, daß ihre Trauben überwiegend zu Rosinen verarbeitet würden. Rosinen waren in dieser Zeit ein Grundnahrungsmittel, ähnlich wie Oliven. Sie erreichten hiermit, daß nur ein Drittel ihrer Weinberge gerodet wurde.

Das Gebiet der Rioja

Rioja war schon vor 1492 ein bekannter Rastplatz auf dem Camino de Santiago, dem südlichen Weg der Pilger durch Südfrankreich zum Schrein des Heiligen Jakobus'. In den Klöstern auf diesem Weg standen den Pilgern freie Verpflegung, Unterkunft und Getränke zu. Eine Wallfahrt zum Grab des Heiligen Jakobus' hatte den gleichen Stellenwert wie eine Pilgerfahrt in das Heilige Land.

Bis zur Mitte des 19. Jahrhunderts wurde der Wein hier wie schon die Jahrhunderte zuvor gemacht: Die Reben standen in gemischtem Satz, es wurde nach traditionellen Methoden gekeltert, der Wein in großen Holzfässern ausgebaut. Auch wurde der Most, einer besseren Haltbarkeit wegen, zuvor aufgekocht. Mitte des 19. Jahrhunderts setzt sich im Rioja-Gebiet die saubere Trennung von Trauben und Blättern durch, der Most wird in den 225 Liter fassenden *barricas* ausgebaut. 1926 wird das Rioja-Gebiet erstmals klassifiziert. 1991 eine *Denominación de Origen Califcada* eingeführt.

Drei Gebiete, zahlreiche Rebsorten und geheime Mischungen

Das Rioja-Gebiet hat heute eine Anbaufläche von rund 48000 Hektar und begleitet den Ebro vom baskischen Hochland bis zu seiner Mündung. Es ist in drei Anbauzonen unterteilt: *Rioja Alavesa, Rioja Baja* und *Rioja Alta.* Alle drei unterscheiden sich deutlich in Klima und Boden. *Rioja Alavesa* liegt im baskischen Hochland, bei den Böden liegt kalkhaltiger Lehm vor, das Klima wird von atlantischen Einflüssen bestimmt. Das Frühjahr ist naß und kühl, die Sommer heiß mit einem langen milden Herbst. *Rioja Alta* ist den gleichen Bedingungen ausgesetzt wie das *Rioja Alavesa*, von der Bodenstruktur überwiegt allerdings eine rote, eisenhaltige Erde. *Rioja Baja* ist von kontinentalen Einflüssen geprägt. Es gibt lange, heiße Sommer und beim Boden wechseln sich Löß und eisenhaltiger Lehm ab.

Im Rioja werden die Reben *en vaso* gepflanzt, das heißt, sie sitzen buschartig, tief im Boden. So sind sie vor dem Wind geschützt und das Laubwerk spendet den Rispen Schatten. Hier werden die Weine traditionell aus einheimischen Rebsorten gekeltert. Die ursprünglichen Rebsorten des Rioja sind:
Temparillo, eine frühreife Sorte, die im September geerntet werden kann und überwiegend in der Gegend von *Rioja Alta* und *Alavesa* angebaut wird. Die rote *Gamacha*-Rebe reift erst im späten Herbst, ihr Hauptanbaugebiet ist *Rioja Baja*. Die *Graciano*-Rebe verleiht dem Wein Frische und Eleganz. Die *Mazuelo*-Rebe hingegen soll dem Wein Säure und Langlebigkeit verleihen.

Das typische Mischverhältnis für einen traditionellen Rioja ist Dreiviertel *Temparillo,* dann in unterschiedlichen Abstufungen *Gamacha, Mazuelo* und *Graciano*. Das Verhältnis variiert von Weingut zu Weingut, manche mischen auch noch weiße Trauben unter die roten.

Weiße Rioja-Weine

In den letzen Jahren haben sich auch die weißen Rioja einen Platz auf den Markt erobert. Die Hauptsorte bildet hier die *Viura*-Traube, der die Technik der Kaltgärung zum Durchbruch verhalf. Die traditionelle Rebsorte *Malvasier,* die unter diesem Namen schon in der Antike bekannt war, gibt den weißen Weinen des Rioja Bukett und Harmonie. Die *Gamacha Blanca* gibt sanfte, säurearme Weine. In kühlen Jahren wird sie gerne dazu genommen, um die Mischung in den roten Riojas abzurunden.

Das Beste: die Reserva-Weine

In guten Jahren werden *Reserva*-Weine hergestellt. Sie reifen drei Jahre, davon eines im Holzfaß. Der *Gran Reserva* hingegen reift 24 Monate im Holzfaß und noch einmal drei Jahre in der Flasche, bevor er in den Handel kommt. Der Rioja hat sich in den letzten Jahren seinen Platz auf dem deutschen Markt erobert. Er steht für ein ausgewogenes Preis-Leistungs-Verhältnis. Durch die Bestrebungen der *Denominación de Origen Calificada* nach Qualität, wird der Rioja sich auch immer mehr von der Masse der Importweine absetzen.

Noch ein Wort zum Sherry

Im 13. Jahrhundert wurde die Stadt Jerez von den Christen zurückerobert. Angeblich gab das christliche Heer seinen Pferden vor der Schlacht Wein zu trinken, die sich dann um so ungestümer gegen den Feind warfen. Im 12. Jahrhundert begannen die Bewohner von Jerez Wein nach England zu exportieren. Auch nach der Reconquista bezeichneten die Engländer diesen Wein weiterhin mit dem arabischen Namen *Sherish.*

Heinrich I. schlug den Franzosen einen Tauschhandel vor – englische Wolle gegen Bordeaux – was von den Franzosen abgelehnt wurde. Die Weinhändler von Jerez gingen auf das Angebot des englischen Königs ein und konnten so den englischen Markt erobern. Der Weinhandel wurde zur Quelle des Wohlstandes für die Stadt, es war verboten, Weinreben zu roden.

Der „Krieg" der Kaufleute

Die Kaufleute englischer, französischer und flämischer Herkunft machten sich gegenseitig die verfügbare Menge Sherry streitig. Es kam zu Auseinandersetzungen über den Schleichhandel. 1483 wurde die erste gesetzliche Verordnung über die Herkunftsbezeichnung, die Weinlese, Handelspraktiken und über die Weinschläuche erlassen. Nicht nur nach England, auch in die neue Welt wurde Sherry exportiert. Auf den Schiffen des Amerikahandels war ihm ein Drittel der Ladefläche reserviert.

Handel und Piraten

Die Schiffe der Amerikaflotte und die Städte Cadiz und Jerez waren selbst immer wieder Opfer von Piratenüberfällen. Der so eroberte Sherry kam meist in London auf den Markt. Um ihren Nachschub an Sherry zu sichern, tätigten die Engländer Investitionen in Jerez selbst. Handelshäuser kauften die Ernte auf und verschifften sie nach London, sie bestimmten die Geschmacksstandards.

Das Anbaugebiet des Sherry ist begrenzt auf 10000 Hektar Rebfläche. Typisch ist die sanft gewellte Hügellandschaft und die charakteristisch weiße Erde der *albariza.* Das Albarizagestein ist ein weißer Kreidemergel mit guten Wasserspeicherqualitäten.

Die Weinbauern des Jerez teilen das Weinbaugebiet in verschiedene Flurstücke, *pagos* genannt, ein. Kleinere Weinberge mit einheitlichem Boden und homogenem Kleinklima. Die *pagos* werden nur durch topographische Gegebenheiten begrenzt.

Traditionell werden im Gebiet des Jerez die Rebsorten *Palomino de Jerez, Palomino Fino, Pedro Ximénez* und *Moscatel* angebaut. *Palomino Fino* ist im Jerez-Gebiet unter einer Vielzahl von Namen bekannt. Ihr Anbau kann als bodenständig bezeichnet werden. Sie ist dem Klima und dem Boden gut angepaßt und gibt den Weinen charakteristische Eigenschaften. *Pedro Ximénez* ist eine traditionelle Traube Andalusiens, die süße Weine hoher Qualität ergibt. Sie wird vor dem Abpressen der Sonneneinstrahlung ausgesetzt, so verdunstet das Wasser in den Beeren und der Extrakt der Trauben wird intensiver. *Moscatel* wird zur Erzeugung von Weinen gleichen Namens verwendet. Diese Sorte wurde schon in der Antike und in den ersten Jahren christlicher Zeitrechnung angebaut.

Das Solera-Verfahren und der gleichbleibende Geschmack

Die Sherrys der Antike waren süßlich, der Most wurde nach dem Pressen eingekocht, um den Wein stabiler zu machen. Die Geheimnisse der alkoholischen Gärung waren noch nicht bekannt, so wurde meist Harz oder Honig dem Wein zugesetzt, um unangenehme Geschmäcker zu überdecken.

Traditionell reifen die Sherrys nach dem *Solera*-Verfahren. Die Fässer werden in mindestens drei Reihen übereinander gestapelt. Aus der untersten Reihe – *solera* genannt – wird der zum Gebrauch bestimmte Teil abgezapft und mit Wein aus der zweiten Reihe *criadera* ersetzt. Dieser Wein wird mit welchem aus der dritten Reihe ersetzt usw. Es gibt große Kellereien mit Reihen bis zu 14 *criaderas.*

Fino und Oloroso

Die beiden Grundtypen *Fino* und *Oloroso* sind völlig durchgegoren und trocken. Durch die Zugabe von *Pedro Ximénez* entstehen süße und halbtrockene Varianten. Durch die Stufenleiter des *Solera*-Verfahrens und das Verschneiden mit *Pedro Ximénez* unter der Aufsicht eines erfahrenen Kellermeisters bleibt der Sherry einer bestimmten Qualität und Geschmacksrichtung Jahr für Jahr gleich.

Der Sherry gehört zu den wenigen Weinen aus der Antike, die auch heute noch auf dem Markt sind. Seine Produzenten – einheimische wie zugewanderte – haben es verstanden, ihre Produktionsweisen und Strukturen den Erfordernissen der Zeit anzupassen. Zusammen mit den Rioja-Weinen bietet Spanien dem Liebhaber exzellenter Weine ein großes Genußspektrum.

Folgende Werke waren hilfreich bei der Bearbeitung des Themas und können als weiterführende Literatur im jeweiligen Gebiet empfohlen werden:

Atlas der Österreichischen Weine,
Dähnhard, Wolfgang, Hallwag, Bern,1995
Beiträge zur Geschichte des Rheingauer Weinbaus,
Staab, Josef, Schriften zur Weingeschichte (SzW), Nr. 22, 1970
Bernkasteler Doctor, der „kurfürstliche" Weinberg,
Prößler, Dr. Helmut, (SzW), Sonderheft 3, 1990
Bibliographie zur Geschichte des Weines,
Schoene, Renate, 2. Aufl., 1988
Das Weinbaugebiet Mittelrhein in Geschichte und Gegenwart,
Pößler, Dr.Helmut, (SzW), Nr. 29, 1979
Der Badische Weinbau in historisch-geographischer Bedeutung,
Endriss, Dr. Gerhard, (SzW): Nr. 14, 1965
Der fränkische Weinbau in der Landschaft,
Breider, Dr. phil. habil. Hans, (SzW), Nr. 11, 1964
Der große Johnson,
Johnson, Hugh, Hallwag, Bern, 1983
Der Jenaer Weinbau,
Bernuth, Jörg, (SzW), Nr. 85, 1988
Der Rhein von Mainz bis Köln,
Kappler, Arno, Gier, Friedrich, Hamm, 1989
Der Thüringer Weinbau,
Bernuth, Jörg, (SzW), Nr. 65, 1983
Der Weinbau an der Elbe,
Bernuth, Jörg, (SzW), Nr. 72, 1984
Deutsche Weingeschichte,
Schreiber, Georg, 1980
Deutscher Weinatlas,
Deutsches Weininstitut (Hrsg), Mainz , 1995
Die alten Lagennamen der Moselweinberge,
Christoffel, Dr. Dr. Karl, (SzW), Nr. 73, 1976
Die Bedeutung der Klöster und Stifte für die Entwicklung des Weinbaus am Mittelrhein,
Pauly, Ferdinand; (SzW), Nr. 107, 1993
Die Flurnamen des kurpfälzischen Oberamtes Bacharach,
Dr. Halfer, Manfred, 1989
Die fröhliche Moselweinkarte,
Kremer, Peter, 1983
Die Geschichte des Weinbaus an der Ahr,
Rausch, Jakob, (SzW), Nr. 10, 1963
Die Geschichte des Württembergischen Weinbaus,
Adelmann, Graf Raban, (SzW), Nr. 8, 1962
Die Grafen von Katzenelnbogen,
Rozumek-Fechtig, Ottraud, (SzW), Nr. 106, 1993
Die großen Weine des Burgund,
Duijker, Hubrecht, Müller, Rüschlikon, 1981
Die Namen der Deutschen Weinlagen,
Fill, Dr. Karl, Paul, Dr. Albert, (SzW) Nr. 48, 1979
Die Sächsische Weinstraße, Winzer, Wirte und alte Weinbergsherrlichkeit,
Böhme, Werner, Rühle, Günter, 1993
Die Weine Deutschlands,
Böttiger, Theodor, 1974
Geschichte des Weinbaus,
von Bassermann-Jordan, Friedrich, Band 1 und 2, 1923, 4. Auflage, Nachdruck 1991
Geschichte und Bedeutung des Weinbaues an der Hessischen Bergstrasse,
Eichhorn, Ernst, (SzW), Nr. 29, 1972
Hornickels Weinbibliothek – Die Lagen,
Hornickel, Ernst, Heyne, 1979
L'Art Gourmand,
Beusen, P., Ebert-Schifferer, S., Mai, E., 1996
Meersburger Weinlagen – Geschichte und Geschichten,
Hack, Hanspeter, Meersburg, 1990
Mysterium Wein,
Historisches Museum der Pfalz (Hrsg), 1996
Natur- und Kulturnamen der Weinlagen des Rheingaus,
Arntz, Prof. Dr. Helmut, (SzW), Nr. 26, 1972
Neuere Forschungen zum Römischen Weinbau an Mosel und Rhein,
Gilles, Karl-Josef, (SzW), Nr. 115, 1995
Pfälzer Sagen,
Bd. I u. II, Victoer, Carl, Landau, 1969
Pfalzreise für Weinfreunde und Feinschmecker,
Többen, Katharina, (Hrsg.), 1996
Vinothek der Deutschen Weinberg-Lagen,
[verschiedene Bände], Ambrosi, Hans; Breuer, Bernhard, Busse Seewald, versch. Jahrgänge.
Von der Musehelde zur Mäushöhle – Die Weinlagen der Pfalz, Herkunft und Deutung ihrer Namen,
Zweck, C.; Halfer, M.,Schriften zur Weinkultur, Deidesheim, 1992
Wein – Die kleine Schule,
Priewe, Jens, Zabert Sandmann,1993
Wein für Einsteiger,
Supp, Eckhard, Gräfe und Unzer, 1992
Wein und Weinbau im Bodenseeraum, Geschichte, Kunst, Kultur,
Spahr, Pater Dr.Gebhard, (SzW), Nr. 23, 1970
Weinkultur in Mainz seit dem Mittelalter,
Mathy, Helmut, (SzW), Nr. 105, 1993
Zur Bedeutung des Weines in der Antike,
Schneider, Prof. Dr. Carl, (SzW), Nr. 5, Wiesbaden, 1961
Zwölf Jahrhunderte Weinbau und Weinhandel in Württemberg,
Baumann, Dr. Reinhold, (SzW), Nr. 33, 1974